Paulo
Uma visão de liderança
DINÂMICA

Publicações
Pão Diário

Paulo
Uma visão de liderança
DINÂMICA

J. Oswald Sanders

Dynamic Spiritual Leadership
Original edition Paul the Leader © 1984 by J. Oswald Sanders
This edition © 1999 by Discovery House Publishers. All rights reserved.
Translated and Published by special arrangement with
Discovery House Publishers, 3000 Kraft Avenue SE, Grand Rapids, Michigan 49512 USA.

Coordenação editorial: Dayse Fontoura
Tradução: Henrique E. Pesch
Revisão: Adolfo A. Hickmann, Dayse Fontoura, Dalila Mendes, Lozane Winter, Rita Rosário
Projeto gráfico e diagramação: Audrey Novac Ribeiro
Capa: Audrey Novac Ribeiro

Dados Internacionais de Catalogação na Publicação (CIP)

SANDERS, J. Oswald

Paulo — Uma visão de liderança dinâmica

Tradução: Henrique E. Pesch — Curitiba/PR, Publicações Pão Diário

Título original: *Dynamic Spiritual Leardship*

| 1. Liderança | 2. Capacitação | 3. Bíblia | 4. Cristianismo |

Proibida a reprodução total ou parcial sem prévia autorização, por escrito, da editora.
Todos os direitos reservados e protegidos pela Lei 9.610, de 19/02/1998.
Permissão para reprodução: permissao@paodiario.com

Exceto quando indicado o contrário, os trechos bíblicos mencionados são da edição
Nova Versão Transformadora © 2016 Editora Mundo Cristão.

Publicações Pão Diário
Caixa Postal 4190,
82501-970 Curitiba/PR, Brasil
publicacoes@paodiario.org
www.publicacoespaodiario.com.br
Telefone: (41) 3257-4028

V3418
ISBN: 978-65-87506-84-5

1.ª edição: 2022

Impresso no Brasil

Sumário

Autor 7
Prefácio 9

1. Um homem como nós 11
2. A preparação de um pioneiro 17
3. O retrato de um líder 53
4. Uma visão enaltecida de Deus 93
5. Gloriando-se na cruz 109
6. O guerreiro da oração 117
7. Um comunicador de Deus 129
8. O missionário desbravador 139
9. As convicções de um homem leal 151
10. Questões difíceis 181
11. O papel das mulheres 213
12. A filosofia da fraqueza 231
13. O treinamento de outros líderes 239
14. Esforçando-se até a linha de chegada 253

Autor

J. Oswald Sanders

(1902–1992)

No início da década de 1920, J. Oswald Sanders era um jovem advogado e muito conceituado em sua terra natal, a Nova Zelândia. Mas Deus logo o chamou para uma longa carreira de ensino e administração na Faculdade Bíblica da Nova Zelândia, em Auckland, e mais tarde para uma carreira ainda mais extensa com a Missão do Interior da China (hoje denominada Sociedade Missionária Oriental). Ele foi o diretor geral da missão durante décadas de grandes mudanças após a Segunda Guerra Mundial. Quando a equipe da missão foi forçada a sair da China, ele estabeleceu novos campos de trabalho por toda a Ásia Oriental.

Após se aposentar como diretor geral da Sociedade Missionária Oriental em 1969, ele foi diretor da Faculdade de Treinamento para Líderes Cristãos em Papua-Nova Guiné. Através dos anos, Dr. Sanders escreveu vários livros. Ele também investiu o seu tempo participando de um ministério mundial de ensino, até perder sua breve batalha contra o câncer. Dr. Sanders morreu aos 90 anos, em 1992, na Nova Zelândia.

Prefácio

Este livro é a resposta a uma solicitação para que eu desse sequência ao meu livro Liderança Espiritual[1], *destacando os princípios da vida, liderança e ministério do apóstolo Paulo.*

Eu sei que muitas outras obras importantes foram escritas sobre Paulo por autores mais capazes, contudo ainda não encontrei uma que trate sobre sua vida especificamente por este ângulo: liderança.

Ao preparar esta obra, reconheço minha dívida especial a um pequeno volume publicado no início do século 20: The Man Paul *(O homem Paulo), por Robert E. Speer, Secretário do Comitê Presbiteriano Americano de Missões Estrangeiras. É um estudo extremamente perceptivo e valioso sobre o apóstolo. Eu segui seu exemplo ao incluir alguns versos apropriados do magnífico poema de F. W. H. Myers,* Saint Paul.[2]

Espero que este livro seja útil para estudos bíblicos individuais, familiares e em grupos. Pensando nisso, incluí inúmeras referências bíblicas.

J. Oswald Sanders

---

[1] Sanders, Oswald J., *Liderança Espiritual*, Mundo Cristão, Estação do Livro, 1985.
[2] Myers, Frederick W. H., *Saint Paul* (São Paulo), Londres: Macmillan, 1910.

1

Um homem como nós

> ...*Somos homens como vocês!*
> —Atos 14:15

É notável a ausência de uma liderança forte, segura e carismática, tão desesperadamente necessária nesta época conturbada. Um cidadão preocupado e incomodado pelas condições predominantes e pela incapacidade dos líderes de sua nação em encontrar uma panaceia para curar suas enfermidades comentou:

> O momento crítico não encontrou ninguém
> exceto os atores secundários no cenário político,
> e o momento decisivo foi negligenciado porque

os corajosos não tinham poder suficiente e os poderosos não tinham suficiente sagacidade, coragem e determinação.[1]

Apesar de esse comentário ter sido escrito há mais de um século por Friedrich Stiller, ainda soa estranhamente contemporâneo. Será que as coisas mudaram em sua essência nos anos que se seguiram? As palavras vivas de nosso Senhor provam-se verdadeiras e diagnosticam minuciosamente as condições de hoje: "...na terra, as nações ficarão angustiadas, perplexas com o rugir dos mares e a agitação das ondas" (Lucas 21:25).

As condições mundiais pioraram imensamente desde que essa declaração foi feita, mas tais palavras continuam adequadas aos dias atuais. Cada geração deve conscientizar-se de seus próprios problemas de liderança e solucioná-los. Hoje enfrentamos uma crise aguda de liderança em muitas áreas. Crises se sucedem, porém nossos líderes trazem poucas soluções, e o prognóstico não é nem um pouco tranquilizador.

A Igreja não escapou dessa carência de liderança competente. Sua voz, que uma vez soou como o clarim da esperança para a humanidade aprisionada, agora está estranhamente emudecida, e sua influência mundial tornou-se mínima. O sal perdeu grandemente o seu sabor, e a luz o seu brilho.

É contraproducente lamentar essa situação. Seria mais útil descobrir, novamente, os princípios e fatores que inspiraram a liderança espiritual dinâmica de Paulo e dos outros

---

[1] *Newsweek*, 21 de abril, 1980, 4.

apóstolos nos dias dourados da Igreja. Não apenas precisamos descobri-los, mas empenharmo-nos em aplicá-los à nossa própria situação. Os princípios espirituais são atemporais e não mudam de uma geração para outra.

Incluindo os defeitos

Certa vez, um amigo comentou: "Não nos sentimos humilhados quando observamos os defeitos de alguém expostos para todo mundo ver?". Ao vermos os defeitos dos outros, os nossos próprios se tornam dolorosamente óbvios. Semelhantemente, nós também compreendemos melhor os princípios espirituais quando os vemos refletidos em pessoas do que quando eles são apresentados com exatidão apenas em proposições acadêmicas.

Por essa razão, investigar o agir da providência divina e a personalidade humana na vida de homens e mulheres iguais a nós para descobrir como as condições e experiências do passado eram controladas e moldadas por mão habilidosa e generosa é um dos estudos bíblicos mais recompensadores.

Devemos ser gratos pela a inspiração divina ter assegurado a seleção e a preservação dos fatos importantes que fizeram parte da vida do apóstolo. Tais fatos, simples e sem enfeites, são registrados de uma forma direta e sem a intenção de retocar a imagem. A Bíblia é cuidadosa ao retratar seus personagens como eles realmente eram — "incluindo os defeitos".

Vemos a liderança ideal no Senhor e não em Paulo, pois Cristo é o Líder *por excelência*. Entretanto, há alguns que acham a perfeição de Jesus intimidante e desanimadora. Por Ele não ter herdado natureza pecaminosa como nós, pensam que esse fato lhe confere uma grande vantagem e o removem da arena de suas lutas e fracassos terrenos. Jesus parece estar tão acima deles que pouca ajuda prática pode ser obtida de Seu brilhante exemplo. Enquanto essa visão flui de uma concepção errônea da natureza da ajuda que Cristo pode oferecer, seus resultados são muito verdadeiros.

Por meio do apóstolo Paulo, Deus nos dá um exemplo de um "homem como nós" tal como Elias é descrito em Tiago 5:17. É verdade, ele era um homem de alta estatura espiritual, mas também era um homem que conheceu tanto o fracasso quanto o sucesso. Mesmo quando exclamava em desespero "Como sou miserável! Quem me libertará deste corpo mortal dominado pelo pecado?", ele regozijava-se — "Graças a Deus, a resposta está em Jesus Cristo, nosso Senhor" (Romanos 7:24-25).

Essas e outras afirmações semelhantes de seu coração o tornaram parecido conosco, e podemos nos identificar melhor com suas experiências. Paulo não era "um santo inatingível e grandioso", mas um homem frágil e falível como nós, alguém que pode identificar-se com nossas necessidades.

Desta forma, encontramos em Cristo a inspiração de um verdadeiro homem que nunca falhou e recebemos de Paulo o encorajamento de alguém que caiu, mas levantou-se. "Um homem perfeito revela qual é o ideal; um homem derrotado e finalmente vitorioso pela graça de Deus revela o que podemos nos tornar [...]. Se quisermos andar em triunfo, pelo difícil e perigoso caminho, precisamos de Jesus ao nosso lado e de Paulo como nosso exemplo".[2]

Se o nosso estudo sobre os princípios da liderança de Paulo deve gerar consequências duradouras, então é necessário um estudo mais do que acadêmico. Cada pessoa precisará dominá-los e traduzi-los em ação em sua própria vida e área de atuação. Os princípios devem tornar-se geradores de experiência.

Deveríamos ser gratos a Paulo, pois em suas cartas ele inconscientemente se revela. Aprendemos muito mais dele em suas cartas, que contêm referências indiretas e espontâneas, do que do material histórico relatado por Lucas no livro de Atos. Este livro usará o mesmo método que D. J. Fant utilizou ao biografar o saudoso A. W. Tozer:[3] a interpretação do homem através daquilo que deixou por herança.

Paulo exemplifica o que um homem, totalmente entregue a Deus, pode realizar no decurso de sua geração. Assim sendo, nosso propósito será analisá-lo especialmente em sua atuação como líder na Igreja Primitiva. Consideraremos seu ponto de vista em assuntos relevantes, examinaremos as qualidades que o tornaram um grande líder e descobriremos como essas peculiaridades contribuíram para sua excelente liderança.

---

[2] Jefferson, Charles E., *The Character of Paul* (O caráter de Paulo), Nova Iorque: Macmillan, 1924, 32.
[3] Aiden Wilson Tozer (1897–1963), reconhecido pastor e autor americano.

2

A preparação de um pioneiro

Irmãos, queremos que saibam das aflições pelas quais passamos na província da Ásia. Fomos esmagados e oprimidos além da nossa capacidade de suportar, e pensamos que não sobreviveríamos. De fato, esperávamos morrer. Mas, como resultado, deixamos de confiar em nós mesmos e aprendemos a confiar somente em Deus, que ressuscita os mortos. —2 Coríntios 1:8-9

Desde os primeiros dias dos quais temos registros, Paulo demonstrava qualidades naturais de liderança que se desenvolveram através dos anos. Embora devêssemos evitar o erro de atribuir-lhe qualidades quase super-humanas e santidade, não podemos deixar de concluir que ele era um homem cuja estatura espiritual e personalidade eram impressionantes, uma daquelas figuras colossais que registram seu próprio nome na história. Não obstante, um estudo mais profundo revela um homem vulnerável, amoroso, "humano como nós", cuja vida foi transformada pela fé incomum e entrega sem reservas ao seu Mestre.

Ele foi reconhecido como o cristão mais bem-sucedido de todos os tempos, e sua carreira foi considerada a mais surpreendente na história mundial. Talvez ninguém tenha atingido o mesmo nível dele em tantas competências. Sua versatilidade era tal que, em retrospecto, parece que possuía quase todos os dons. Mas, apesar da admiração que Paulo inspira em seus escritos, ele estabelece com êxito uma comunicação harmônica, ou seja, tanto consegue encontrar facilmente a afinidade com o crente humilde como com o filósofo erudito.

Um paralelo atual para o apóstolo Paulo, seria um homem que pudesse falar chinês em Pequim, citando Confúcio e Mencius, conseguisse escrever teologia estritamente fundamentada em inglês e expô-la na Universidade de Oxford e pudesse defender sua causa em russo perante a Academia Soviética de Ciências.

Em seu livro *O apóstolo,* John Pollock fala sobre a impressão de que o estudo sobre a vida e ministério de Paulo lhe causou:

> O biógrafo desenvolve um tipo de percepção, e
> não demorou muito para perceber nitidamente

a credibilidade e autenticidade da pessoa que estava emergindo dos Atos dos Apóstolos e das Epístolas de uma forma geral. Um personagem convincente com história tão verossímil, porém surpreendentemente incomum.[1]

Paulo, através de referências autobiográficas em suas cartas, posiciona-se antes de sua conversão como um cidadão de boa moral, bem-sucedido e obediente à Lei. Naquela época, ele via pouca razão para autorreprovação e não percebia motivo algum para ser desprezado por Deus. Muito pelo contrário! Não havia sido esbanjador. Ele poderia colocar sua vida perante a Lei de Deus sem se sentir inadequado por ter falhado em suas obrigações.

Mas seu zelo excessivo foi indignamente demonstrado através de cruel perseguição aos seguidores do Cristo. Esses atributos tornaram-no uma das pessoas mais difíceis para converter-se ao cristianismo, pois estava totalmente convencido de sua própria integridade.

Entretanto, sua complexa personalidade foi unificada por uma considerável lealdade aos seus propósitos. Suas imensas capacidades intelectuais, por si só, eram suficientes para Paulo ser posteriormente lembrado, mesmo que nunca tivesse se tornado um cristão. Dentre todos os apóstolos, somente ele era um intelectual, e esse detalhe se revestiu de grande importância no progresso da nova fé. Para que o cristianismo conquistasse o mundo de maneira intelectual, moral e também espiritual era necessário alguém com

---

[1] Polllock, John, *O apóstolo*, Ed. Vida, 1998, Prefácio.

o calibre mental de Paulo para explicar e validar o significado da morte e ressurreição de Cristo, e outras doutrinas relacionadas.

A maioria dos outros apóstolos manifestava algum dom ou peculiaridade inconfundível de caráter, mas o caráter de Paulo tinha tantos aspectos que nele todas as características pareciam se amalgamar. Pedro, por exemplo, era um extremista, e André, um conservador. Em Paulo, ambas as qualidades são evidentes. Em certas ocasiões ele era ousado e impetuoso como Pedro, mas, se necessário, poderia ser tão cauteloso como André. Paulo era conservador onde um princípio estivesse envolvido, mas igualmente preparado para adotar métodos radicais a fim de atingir seu objetivo.

Se um princípio estivesse claramente em risco, Paulo era inflexível e não cederia por um momento, mesmo se a pessoa envolvida fosse o influente apóstolo Pedro. Como a importantíssima questão da liberdade cristã estava em foco, Paulo disse aos gálatas: "...não cedemos a eles nem por um momento, a fim de preservar a verdade das boas-novas para vocês" (2:5). Mas, se apenas uma preferência, e não um princípio, estivesse envolvido, ele estaria preparado para fazer grandes concessões.

Família e treinamento

A hereditariedade é parte importante em qualquer vida. Deus em Sua suprema sabedoria começa a preparar um líder antes de seu nascimento. Jeremias reconheceu essa atividade soberana de Deus quando registrou a palavra do Senhor para ele: "Eu o conheci antes de formá-lo no ventre de sua mãe; antes de você nascer, eu o separei e o nomeei para ser meu profeta às nações" (Jeremias 1:5). Ele foi predestinado para liderança, mas descobriria que sua preparação envolveria um longo e, às vezes, doloroso período de treinamento. Paulo também estava ciente que era o objeto de uma escolha estabelecida e favorecida, embora o caminho a seguir se desdobrasse lentamente perante ele.

> *O que para ti é escuridão, para Ele é dia,*
> *Ele conhece o final;*
> *E não é de forma incerta ou vazia*
> *Que o espírito deixa o mortal.*
> *Como as urdiduras em um tear,*
> *Os destinos são velozmente tecidos;*
> *Em harmonia, completamente unidos*
> *Como as teclas de um órgão a tocar.*
> —J. G. Whittier

Foi provavelmente por volta do ano 33 d.C. que Paulo foi designado para guardar as roupas dos homens que apedrejaram Estêvão. Naquela época ele era descrito como "um jovem" (Atos 7:58), um termo que poderia representar uma faixa etária dos 20 aos 30 anos. Se, como parece ser provável, ele era um membro do respeitado Sinédrio, deveria então ter mais do que 30 anos, a idade exigida para o corpo judicial. Isso significaria que nasceu em torno da mesma época de Jesus. No sermão atribuído a João Crisóstomo, infere-se que ele nasceu no ano 2 a.C. Supondo que ele morreu em torno de 66 d.C., teria aproximadamente 68 anos ao ser executado.

Quanto à hereditariedade, Paulo veio de uma família com certa afluência, pois eles atendiam os requisitos de propriedades exigidos dos cidadãos de Tarso. Seus pais, que eram da tribo de Benjamim, deram-lhe este nome em homenagem ao ilustre ancestral da tribo, o rei Saul. Como seu pai era cidadão romano, eles colocaram-lhe este nome em sua forma latina, *Paulus*. Essa cidadania romana colocou-o entre a aristocracia de Tarso.

Como seu pai era um fariseu rigoroso, sem dúvida criou-o cumprindo meticulosamente todos os requisitos cerimoniais da lei judaica. O próprio Paulo disse que foi cuidadosamente treinado nas melhores tradições dos fariseus. Mas, tragicamente, esse Sinédrio, que em tempos passados era considerado puritano, transformara-se em legalista e hipócrita nos dias de Paulo.

Paulo obviamente orgulhava-se de sua linhagem e de suas capacidades, pois escreveu aos crentes de Filipos: "...se outros pensam ter motivos para confiar nos próprios esforços, eu teria ainda mais! Fui circuncidado com oito dias de vida. Sou israelita de nascimento, da tribo de Benjamim, um verdadeiro hebreu. Era membro dos fariseus, extremamente obediente à lei judaica. Era tão zeloso que persegui a igreja. E, quanto à justiça, cumpria a lei com todo rigor" (Filipenses 3:4-6). "Fui criado aqui em Jerusalém e educado por Gamaliel. Como aluno dele, fui instruído rigorosamente em nossas leis e nos costumes judaicos" (Atos 22:3). Dessa forma, todos os seus anos de formação foram calculados a fim de prepará-lo para ser um eminente fariseu e rabi, como seu grande mentor Gamaliel.

A preparação de um pioneiro

A família de Paulo falava grego, e ele também se comunicava em aramaico (Atos 22:2). Desde tenra idade ele conhecia a Septuaginta — a tradução mais antiga do Antigo Testamento para o grego — e dela memorizou grandes porções. Sua educação inicial foi em casa ou numa escola ligada à sinagoga, pois seus zelosos pais provavelmente não o confiariam a professores que não fossem hebreus.

Como todos os outros garotos de boas famílias, Paulo aprendeu uma profissão. Como São Francisco Xavier que era um trabalhador e expressou o desejo de que todos os irmãos cristãos o fossem. Gamaliel defendia que qualquer tipo de aprendizado desacompanhado de uma profissão acabaria em nada a não ser pecado.

O ofício de Paulo, como fazedor de tendas, foi um precioso recurso nos anos posteriores. Em sua cidade natal, Tarso, havia muitos bodes e cabras monteses cujos pelos longos eram transformados em fios para tecer roupas resistentes ou em tendas feitas de um material conhecido como tecido cilício. Para Paulo essa profissão foi valiosa, pois podia ser exercida em qualquer lugar e não exigia equipamentos caros.

Paulo tinha orgulho de sua cidade de origem, Tarso, a qual descreveu como "cidade importante" (Atos 21:39). Esta era uma das três grandes cidades universitárias do Império Romano — as outras eram Atenas e Alexandria — sendo elas conhecidas por superar suas rivais em eminência intelectual. Sua atmosfera intelectual sem dúvida influenciara a mente ávida do jovem.

Quando tinha aproximadamente 15 anos, Paulo viajou para Jerusalém, onde deve ter morado com a sua irmã (Atos 23:16). É interessante observar que tudo indica que alguns de seus parentes abraçaram o cristianismo antes dele (Romanos 16:7). Em Jerusalém ele maravilhou-se ao ver e ouvir o que acontecia no culto daquele Templo, assistiu com reverência aos sacerdotes cultuando e à fumaça que subia do altar sacrificial.

Uma das muitas claras evidências da providência divina moldando a vida de Paulo foi o fato de, provavelmente por influência de sua família, ele ter sido privilegiado em sentar-se aos pés de Gamaliel, apelidado "a beleza da Lei". Esse distinto e insigne rabino era um dos sete judeus doutores da Lei a quem foi conferido o honroso título de "Raban", que quer dizer mestre. Ele era da escola de Hillel, que adotava uma visão mais ampla e liberal do que a escola de Shammai.

Assim sendo, Paulo foi exposto a um ensino de âmbito mais amplo. Diferentemente de Shammai, Gamaliel interessava-se por literatura grega e encorajava os judeus a cultivar amizades e relacionamentos sociais com estrangeiros. Dele, o jovem Saulo aprendeu a sinceridade e a honestidade de julgamento e a disposição para estudar e usar as obras de autores não hebreus.

Foi o mesmo Gamaliel que aconselhou moderação quando a multidão queria matar Pedro e os outros apóstolos. "Um deles, porém, um fariseu chamado Gamaliel, especialista na lei e respeitado por todo o povo, levantou-se [...] e disse aos demais: [...] 'deixem esses homens em paz e os soltem. Se o que planejam e fazem é meramente humano, logo serão frustrados. Mas, se é de Deus, vocês não serão capazes de impedi-los. Pode até acontecer de vocês acabarem lutando contra Deus'" (Atos 5:34-39).

A preparação de um pioneiro

Depois de seu treinamento com Gamaliel, Paulo retornou para casa como um fariseu qualificado e reconhecido e ali permaneceu até ter idade suficiente para iniciar-se nos afazeres de sua vida.

A propósito, deve-se observar que Gamaliel não aplicou nenhuma sanção contra as perseguições, portanto é difícil dizer a quem atribuir a fúria desenfreada de seu pupilo, a menos que fosse a expressão exterior de uma terrível batalha que se travava em seu interior. "Ele estava em guerra tanto consigo mesmo como com os cristãos."[2]

Academicamente, Paulo fez um progresso espetacular. Ele superou seus colegas de estudo tanto em realização acadêmica como em zelo. Ele era "zeloso de honrar a Deus" (Atos 22:3) e "extremamente zeloso pelas tradições de [seus] antepassados" (Gálatas 1:14). Não é difícil imaginar a fúria das autoridades judaicas pela perda de sua promissora liderança.

Como já mencionado, é muito provável que Paulo, em algum momento, tivesse sido membro do Sinédrio, a suprema corte civil e legal judaica. Para ser elegível a essa honra, ele provavelmente teria mais de 30 anos na época da morte de Estêvão. O próprio Paulo disse que ele era um dos juízes que votou a favor da morte dos cristãos. "Com autorização dos principais sacerdotes, fui responsável pela prisão de muitos dentre o povo santo. E eu votava contra eles quando eram condenados à morte" (Atos 26:10).

Naqueles dias, era costume casar com pouca idade, e para alguém ocupar um assento no Sinédrio teria que ser homem casado. A razão por trás dessa cláusula era para que

---

[2] Speer, Robert, *Paul, the All-round Man* (Paulo, o homem versátil), Nova Iorque: Revell 1909, 102.

os membros tivessem mais a tendência a se inclinarem à misericórdia, e um marido e pai estaria mais propenso a ter essa qualidade do que um homem solteiro. Assim sendo, o peso da evidência parece favorecer a ideia de Paulo ter sido casado, mas as Escrituras silenciam sobre o assunto. Há uma crença de que ele era viúvo. Contudo, pode ser que depois de sua conversão ao cristianismo ele tivesse sido rejeitado e repudiado pela sua família.

Vantagens pessoais

A mão dominante de Deus ao treiná-lo para a liderança pode ser claramente percebida nas vantagens que Paulo desfrutou como resultado de sua história de família e de seu ambiente.

E o que era verdadeiro no caso de Paulo é também verdadeiro para todos nós. A suprema sabedoria de Deus está moldando nosso destino; está desenvolvendo um plano em nossa vida; um Ser supremamente sábio e amoroso está fazendo que todas as coisas trabalhem juntamente para o bem. Na sequência da história de nossa vida, veremos que havia um sentido e necessidade em todos os incidentes anteriores, exceto aqueles que são resultado de nossa própria insensatez e pecado, e que mesmo estes foram feitos para contribuir com o resultado. [3]

É improvável que houvesse outro homem cristão do primeiro século que reunisse em si a maioria das qualidades e qualificações que o constituiriam um cidadão do mundo:

---

[3] Mayer, Frederick B., *Paul* (Paulo), Londres: Morgan & Scott, 1910, 34.

um judeu com cidadania romana vivendo numa cidade grega. Tanto por nascimento como treinamento, Paulo possuía a tenacidade do judeu, a praticidade do romano, e a cultura do grego. Essas qualidades o habilitaram a se adaptar aos povos poliglotas entre os quais teria que se deslocar.

Essas virtudes também o fizeram singularmente apto para ser um líder missionário mundial. Para um cidadão romano, nenhuma cidade era estrangeira, então a controvertida questão da extraterritorialidade que aflige o trabalho missionário por tanto tempo não era problema para ele. Vistos e passaportes ainda não tinham sido inventados. Paulo nunca viajaria para muito longe de sua própria bandeira, e, já que a cultura era semelhante em todo o Império Romano, havia poucas barreiras culturais para transpor. Também não havia grandes problemas sociais, econômicos ou de moedas para superar. Sua cidadania romana provou ser uma grande bênção para ele em diversas ocasiões. E como o idioma grego era quase universal, os problemas com a língua eram mínimos.

Por ter recebido sua educação teológica aos pés do mais famoso rabino judaico, ninguém podia simplesmente impugnar a erudição de Paulo ou seu extenso conhecimento da Lei. Além disso, também, era profundo conhecedor dos sistemas filosóficos de seus dias e poderia debater com seus proponentes em suas próprias áreas. "...conversava e discutia com alguns judeus de fala grega" (Atos 9:29).

Sua habilidade em fazer tendas o livrava da desvantagem de ser um fardo financeiro às igrejas emergentes, e evitava as pressões frequentemente geradas por obrigações financeiras.

Desvantagens pessoais

Muitos líderes missionários, hoje, acolheriam com prazer as muitas vantagens que Paulo desfrutou. Mas estas eram provavelmente mais que contrabalançadas pelas severas desvantagens sob as quais ele e seus companheiros tiveram que trabalhar.

Em seu livro *The old tea house* (A velha casa de chá), Violet Alleyn Storey escreveu: "...alguém já disse: 'Permita que aqueles que pensam que estão em desvantagem, por alguma aflição no corpo ou no espírito para algum trabalho nobre, lembrem de Paulo'. Milton, o cego que avistou o Paraíso! Beethoven, o surdo que ouviu extensas harmonias! Byron, o coxo que subiu até aos altos Alpes! Quem se achar em desvantagem, lembre-se desses".

Frequentemente Paulo não tinha um lugar apropriado para pregar. Não demorou até que o considerassem um agitador e as sinagogas se fechassem para ele.

Para sustentar-se, e às vezes a outros também, algumas vezes tinha que trabalhar dia e noite. O maravilhoso é que ele ainda achava tempo para testemunhar continuamente do evangelho.

Aparentemente ele sofria a desvantagem por não ter um físico avantajado. "As cartas de Paulo são exigentes e enérgicas, mas em pessoa ele é fraco" (2 Coríntios 10:10).

No romance escrito no segundo ou terceiro século *The acts of Paul and Hecla* (Os atos de Paulo e Tecla), temos a única descrição de Paulo existente até o momento. Nela, o apóstolo é descrito como "pequeno em tamanho, com sobrancelhas que se unem, um nariz um tanto comprido, careca, de pernas tortas, com forte compleição física, cheio de graça, pois às vezes ele parecia homem e noutras tinha a face de um anjo".[4]

Apesar de não ter uma aparência herculana, ele demonstrava uma resistência física incrível, pois durante todo seu ministério, o sofrimento corporal e o desconforto eram comuns.

Paulo, ao que se indica, não era considerado por alguns um orador comovente, como era Apolo. "As cartas de Paulo são exigentes e enérgicas, mas [...] seus discursos de nada valem" (2 Coríntios 10:10).

Falsos mestres legalistas perseguiam seus passos e se esforçavam para neutralizar e dissipar sua obra. Eles refutavam seu apostolado e depreciavam sua autoridade, compelindo-o a resistir, defender-se e a reivindicar sua designação divina.

Paulo sofria pelo afastamento de alguns de seus amados companheiros — Barnabé, Demas, Himeneu e Fileto, para citar alguns. Tais quebras de comunhão eram desesperadamente dolorosas para o seu caloroso e generoso coração de pastor. Para encher sua taça de amargura, ele escreveu em certa ocasião, "Como você sabe, todos os da província da Ásia me abandonaram, incluindo Fígelo e Hermógenes" (2 Timóteo 1:15). Esse foi um duro golpe ao pressionado líder. Além disso, alguns de seus convertidos não se firmaram, tornando-se um peso para o seu coração.

O pesar de seu coração e os severos sofrimentos físicos e privações eram rotina para Paulo: exaustão e dor, fome e sede, frio e nudez, castigos e aprisionamentos, apedrejamento e

---

[4] Jefferson, *The Character of Paul* (O caráter de Paulo), 19.

naufrágio, perigos tanto na terra como no mar eram constantes parcelas de sua experiência missionária (2 Coríntios 11:23-28). Ele resumiu tudo isso em uma frase: "...não tivemos nenhum descanso. Enfrentamos conflitos de todos os lados, com batalhas externas e temores internos" (2 Coríntios 7:5).

Esse dedicado apóstolo trabalhava sob uma sobrecarga constante, mas sem ser vencido por ela. "Irmãos, queremos que saibam das aflições pelas quais passamos na província da Ásia. Fomos esmagados e oprimidos além da nossa capacidade de suportar, e pensamos que não sobreviveríamos" (2 Coríntios 1:8). Mas a pressão na vida de Paulo era geralmente produtiva: "De fato, esperávamos morrer. Mas, como resultado, deixamos de confiar em nós mesmos e aprendemos a confiar somente em Deus, que ressuscita os mortos" (2 Coríntios 1:9). Além de todas as pressões acidentais, havia o tremendo peso da responsabilidade pelo bem-estar das igrejas que ele ajudou a trazer à existência. "Além disso tudo, sobre mim pesa diariamente a preocupação com todas as igrejas" (2 Coríntios 11:28).

Uma carga insuportável assim esmagaria um homem fraco. Mas Paulo foi um homem que se tornou mestre no segredo de lançar o seu fardo ao Senhor e, ao mesmo tempo, apropriar-se de Sua abundante e suficiente graça.

A atitude do apóstolo para com essas desvantagens era exemplar e é instrutiva para todos os que estão em posições de liderança. Ele não as suportou passiva e relutantemente, mas com toda certeza regozijou-se nelas e na oportunidade de provar e demonstrar a suficiência de Cristo e Sua graça.

Paulo trilhara uma longa distância no caminho para a maturidade espiritual até ser capaz de dizer: "Por isso aceito com prazer fraquezas e insultos, privações, perseguições e aflições que sofro por Cristo. Pois, quando sou fraco, então é que sou forte" (2 Coríntios 12:10). Ele não considerava tais provações desgraças absolutas, mas as valorizava como instrumentos propostos para conformá-lo à imagem de Cristo. Paradoxalmente, as provações se tornaram canais de graça e ocasiões de júbilo.

A conversão de um homem religioso

A importância crucial da conversão de Paulo na história da Igreja é confirmada pelo fato de que o Espírito Santo permitiu que três relatos inteiros, complementares a este evento, ficassem preservados nas Escrituras. Em vista desta subsequente e contínua influência, não é exagero dizer que sua conversão foi um dos célebres episódios da história. Somente um outro acontecimento é narrado com mais detalhes: a crucificação do Filho de Deus.

Paulo tinha participado diretamente do infame apedrejamento de Estêvão. "E quando Estêvão, tua testemunha, foi morto", ele confessou, "eu estava inteiramente de acordo. Fiquei ali e guardei os mantos que eles tiraram quando foram apedrejá-lo'" (Atos 22:20). Quem sabe foi essa evidência de seu zelo perseguidor que o levou à eleição ao Sinédrio, e depois à sua nomeação como um inquisidor contra o cristianismo.

De acordo com seu próprio relato, ele empenhou-se nessa tarefa terrível com intensidade fanática. "E fui ao encalço dos seguidores do Caminho, perseguindo alguns até a morte, prendendo homens e mulheres e lançando-os na prisão. O sumo sacerdote e todo o conselho dos líderes do povo podem confirmar isso. Recebi deles cartas para nossos irmãos judeus em Damasco que me autorizavam a trazer os seguidores do Caminho de lá para Jerusalém, em cadeias, para serem castigados" (Atos 22:4-5). Ele foi até mais longe em seu zelo maligno: "Muitas vezes providenciei que fossem castigados nas sinagogas, a fim de obrigá-los a blasfemar. Eu me opunha a eles com tanta violência que os perseguia até em cidades estrangeiras" (Atos 26:11).

Foi durante sua viagem na estrada de Damasco, numa incursão de perseguição, que o jovem rabino foi repentinamente impedido em seu caminho. Em vívidas palavras, Paulo relatou ao rei Agripa aquela aterrorizante e inesquecível experiência que transformou o perseguidor no pregador: "Por volta do meio-dia, ó rei, ainda a caminho, uma luz do céu, mais intensa que o sol, brilhou sobre mim e meus companheiros. Todos nós caímos no chão, e eu ouvi uma voz que me dizia em aramaico: 'Saulo, Saulo, por que você me persegue? Não adianta lutar contra minha vontade'" (Atos 26:13-14).

Agora, sem dúvida, Saulo estava profundamente abalado pelo comportamento de Estêvão enquanto este era martirizado. William Ramsay sugere que Paulo tinha tanta certeza de que o impostor Jesus estava morto, que, quando a visão que Estêvão teve se repetiu em sua própria experiência, todo seu espírito de hostilidade desmoronou.

Evidentemente, porém, o mais espantoso para Paulo foi a forma que Cristo lhe apareceu: não com ira e vingança, mas com amor infinito e incondicional. Foi esse fator que arruinou sua última oposição e desfez a dureza de seu intransigente coração.

> *Todo-poderoso e misericordioso Senhor,*
> *Bendizemos Teu amor em sua profundidade e altura,*
> *Que por Tua Palavra com poder transformador*
> *Fizeste de Teu inimigo uma luz em brancura.*
> *Um mensageiro escolhido de Deus,*
> *A eternidade sobrepondo-se ao momento,*
> *Que com pés sangrentos e incansáveis percorreu*
> *De costa a costa, da periferia ao centro.*
> —E. H. Bickersteth

Um dos estudos mais exaustivos desse memorável evento foi feito no século 19 por Lorde Lyttelton, parlamentar cujo nome aparece em todo grande debate político no Parlamento Britânico e que ocupou o cargo de Ministro da Fazenda no gabinete governamental. Ele era escritor e político.

No tratado que reuniu os resultados de sua investigação, Lyttelton relata que ele e seu amigo, o advogado Gilbert West, estavam convencidos de que a Bíblia era um embuste e estavam determinados a expor a fraude. Lyttelton escolheu a conversão de Paulo, e West escolheu a ressurreição de Cristo, os dois pontos mais cruciais para o cristianismo, como temas de pesquisa tão hostil.[5]

Cada um abordou seu estudo com sinceridade, apesar dos preconceitos. Porém, o resultado de cada pesquisa, as quais se

---

[5] Sanders, J. Oswald, *Bible Men of Faith* (Homens de fé da Bíblia), Chicago: Moody, 1966, 200.

estenderam por um período considerável, foi que ambos se converteram à fé em Cristo através de seus próprios esforços para desacreditar o registro bíblico. Quando finalmente se encontraram, não foi para exultar sobre a exposição de outro engano, mas para felicitar um ao outro por suas descobertas de que a Bíblia realmente era a Palavra de Deus.

No parágrafo inicial de seu tratado, Lyttelton escreveu: "A conversão e o apostolado de Paulo, devidamente considerados, eram por si só suficiente demonstração para provar que o cristianismo é uma revelação divina". Tão convincente foi a obra de Lyttelton que o famoso Samuel Johnson declarou que era um tratado "ao qual a falta de fé nunca foi capaz de fabricar uma resposta razoável".

Lyttlelton destacou quatro proposições que, segundo sua consideração, esgotavam todas as possibilidades do fato concernente à conversão de Paulo:

1. Paulo era um impostor que falava sobre o que sabia ser falso;
2. Ele era um entusiasta que impunha ideias a si próprio por força de imaginação fecunda;
3. Ele foi enganado pela fraude dos outros; ou
4. O que ele declarou ser a causa de sua conversão realmente aconteceu, e, portanto, a religião cristã é uma revelação divina.

Lyttlelton continuou a demonstrar através das Escrituras que Paulo não era um impostor. *Enquanto viajava para Damasco, com um coração cheio de ódio injustificado contra a seita, que motivo — ele se perguntou — poderia tê-lo induzido a mudar completamente o rumo de sua vida, tornando-se um discípulo de Cristo?* Não havia motivo. Paulo não revelou desejo por riqueza ou reputação por sua associação com o grupo. Também não estava buscando poder, pois sua vida inteira foi marcada pela ausência completa de egoísmo. Nem mesmo estava motivado pelo desejo por gratificação de qualquer outra paixão, pois seus escritos incitavam à mais rígida moralidade.

Por outro lado, tornar-se cristão era atrair o ódio e o desprezo, assim como expor-se ao perigo. Ele suportaria a "perda de todas as coisas", e se alegraria naquilo que sabia que era uma fraude? Isso seria um engano tão inútil quanto perigoso. Desta maneira, Lyttlelton concluiu que tal teoria se anulava.

Um enfoque interessante foi Paulo ter invocado conhecimento pessoal do rei Agripa sobre a veracidade de sua história de conversão. Paulo declarou: "Não estou louco, excelentíssimo Festo. Digo a mais sensata verdade, e o rei Agripa sabe dessas coisas. Expresso-me com ousadia porque tenho certeza de que esses acontecimentos são todos de conhecimento dele, pois não se passaram em algum canto escondido" (Atos 26:25-26).

Por si só, essa é uma prova do conhecimento público dos fatos e da integridade do homem que destemidamente recorreu ao rei para que dele desse testemunho. Se a história da conversão de Paulo tivesse sido inventada para a ocasião, por que o piedoso Ananias teria ido até Damasco para encontrar-se com tal monstro (Atos 9:10-19)?

Desses e de outros argumentos, Lyttlelton tirou duas conclusões:

(1) Paulo não era um enganador contando uma história fraudulenta sobre sua conversão; (2) se ele fosse, não haveria tido sucesso.

Embora precedido por um longo período de "incubação" inconsciente, Paulo teve, sem dúvida, uma conversão repentina. Ele não conseguia expelir de sua mente o rosto do mártir agonizante — "seu rosto parecia o rosto de um anjo" (Atos 6:15).

Ele não considerou os brados injuriosos
Nem rendeu seu coração a inúteis lamentos,
Mesmo zombado, ridicularizado e apedrejado por odiosos.
Mas olhando o firmamento, cheio de graça,
Ergueu uma prece, e de um lugar jubiloso,
A divina glória iluminou-lhe o rosto.

—Lorde Tennyson

Ele também não podia esquecer a última oração comovente de Estêvão: "Senhor, não os culpes por este pecado!" (Atos 7:60).

O Espírito Santo, sempre ativo, tinha preparado o cenário para esse grandioso confronto e rendição ao longo dos anos. O clarão ofuscante encontrou uma imensa quantia de material inflamável no coração do jovem perseguidor.

O milagre ocorreu sob a luz intensa do Sol do meio-dia. Paulo viu Jesus em toda Sua glória e majestade messiânica. Nós sabemos que isso não foi uma visão simples e subjetiva, pois Paulo a classifica como a última *aparição* do Salvador e a dispõe na mesma categoria de Suas aparições aos outros apóstolos e discípulos. Sua declaração é clara e inequívoca:

"Apareceu a Pedro e, mais tarde, aos Doze. Depois disso, apareceu a mais de quinhentos irmãos de uma só vez, a maioria dos quais ainda está viva, embora alguns já tenham adormecido. Mais tarde, apareceu a Tiago e, posteriormente, a todos os apóstolos. Por último, apareceu também a mim, como se eu tivesse nascido fora de tempo. Pois sou o mais insignificante dos apóstolos. Aliás, nem sou digno de ser chamado apóstolo, pois persegui a igreja de Deus" (1 Coríntios 15:5-8).

Não foi um êxtase, mas uma aparição real e objetiva do ressurreto e exaltado Cristo, em Sua gloriosa humanidade. Paulo convenceu-se imediatamente de que Ele não era um impostor.

Todo o evento foi sintetizado em versos brancos por Amos R. Wells:

A luz era mais brilhante que o Sol do meio-dia,
a glória flamejante daquele que é o único Santo.
Surgiu o Crucificado; o Nazareno, o Esplêndido
em majestade, benignidade, serenidade, ofuscando
com o brilho intenso da Divindade; a Fonte
do poder e digno de adoração. Mostrou, com
intimidante vergonha perante todos, o coração
cruel e perseguidor de Saulo, sua intolerância, sua
loucura, seu orgulho, e a glória do mártir Estêvão,
ao morrer. Tão penetrante era a luz dominante,
que desfazia qualquer outra imagem, soterrava na
escuridão o mundo inteiro e convergia a visão no
filho de Deus. Despertada pela luz, a consciência
de Saulo finalmente acordou, contraiu-se diante

de todo o sofrimento do passado e percebeu como em toda sua vida, por uma paixão frustrada, havia resistido aos aguilhões e viu como isso era penoso. A luz fulgurou com intensidade e enviou um raio à esperança de um futuro dia radiante. "O que devo fazer, Senhor?" Ouça o tremente chamado resultante de um regenerado Saulo. E então, com a visão restaurada, a luz divina continuou reinando e brilhando maravilhosamente, enviando o nobre apóstolo a prosseguir uma vez mais, para ser testemunha de Cristo ao mundo dos homens perdidos, até que todos os lugares de miséria e escuridão brilhassem na aurora da luz celestial.[6]

Que diferente foi a entrada em Damasco daquela que o inquisidor havia imaginado! "Ele caiu no chão e ouviu uma voz lhe dizer: '[...] levante-se e entre na cidade, onde lhe dirão o que fazer' [...] Saulo levantou-se do chão, mas, ao abrir os olhos, estava cego. Então o conduziram pela mão até Damasco" (Atos 9:4-8). Um cativo, acorrentado às rodas da carruagem de seu vitorioso Senhor, o cego convertido estava agora iniciando uma desconhecida, mas afortunada caminhada. Era tudo escuro por fora, mas tudo claro por dentro.

A rendição de Paulo ao senhorio de Cristo foi imediata e absoluta. No momento que percebeu que Jesus não era um impostor, mas o Messias dos judeus, soube no mesmo instante que poderia haver somente uma resposta apropriada.

---

[6] Versos brancos são caracterizados por não possuírem rimas, mas respeitarem um sistema métrico rigoroso. *The Sunday School Times* (Periódico da Escola Dominical), 30 de setembro, 1928, 397.

Toda a história é sintetizada em suas duas primeiras indagações: "Quem és tu, Senhor?" e "O que devo fazer, Senhor?" (Atos 22:8,10). A conversão verdadeira sempre resulta em buscar a vontade de Deus e depois em entregar-se a ela, pois toda a fé salvadora envolve obediência (Romanos 1:5).

*O mais soberbo de todos os corações
Foi subjugado em mim;
A vontade mais cruel que já se manifestou,
Que desprezou Tua causa e Teus inimigos ajudou,
Por Teu agir, meu Deus, chegou ao fim.*
—W. Hone

Que tremenda foi a estratégia vitoriosa de Deus na vida de Paulo de Tarso!

O inimigo mais implacável se tornou o melhor amigo. O blasfemo tornou-se o proclamador do amor de Cristo. A mão que escreveu as acusações dos discípulos de Jesus quando os trouxe ante os magistrados e para a prisão agora escrevia epístolas do amor redentor de Deus. O coração que uma vez bateu com prazer quando Estêvão submergiu em meio às pedras sangrentas agora se regozija nas perseguições e apedrejamentos pela causa de Cristo. Desse outrora perseguidor, blasfemo, surgiram os escritos da maior parte do Novo Testamento, as declarações mais nobres da teologia, as letras mais doces do amor cristão.[7]
—C. E. Macartney

O chamado para servir

Deus chamou Paulo de forma tão clara e específica que ele não poderia se enganar. Enquanto o apóstolo estava em Damasco, cego pela luz celestial, Ananias veio até ele para comunicar-lhe a mensagem que havia recebido de Deus. No momento que Paulo estava recuperando sua visão, Ananias disse: "O Deus de nossos antepassados escolheu você para conhecer a vontade dele e para ver o Justo e ouvi-lo falar. Você será testemunha dele, dizendo a todos o que viu e ouviu" (Atos 22:14-15).

Mais tarde, quando retornou a Jerusalém, Paulo disse: "estava orando no templo e tive uma visão [...] o Senhor me disse: 'Vá, pois eu o enviarei para longe, para os gentios'" (Atos 22:17-18,21). Compreensivelmente temeroso e comissionado por Deus para receber o notório perseguidor na Igreja cristã, Deus mostrou a Ananias o alcance que o testemunho de Paulo teria. "O Senhor, no entanto, disse: 'Vá, pois Saulo é o instrumento que escolhi para levar minha mensagem aos gentios e aos reis, bem como ao povo de Israel. E eu mostrarei a ele quanto deve sofrer por meu nome'" (Atos 9:15-16).

Paulo revelou outra faceta de sua chamada quando se defendeu perante o rei Agripa. "Ouvi uma voz que me dizia [...] Agora levante-se, pois eu apareci para nomeá-lo meu servo e minha testemunha. Conte o que viu e o que eu lhe mostrarei no futuro. E eu o livrarei tanto de seu povo como dos gentios. Sim, eu o envio aos gentios para abrir os olhos deles a fim de que se voltem das trevas para a luz, e do poder

---

[7] Macartney, Clarence, *The Greatest Men of the Bible* (Os maiores homens da Bíblia), Nova Iorque: Abingdon, 1941, 14.

de Satanás para Deus. Então receberão o perdão dos pecados e a herança entre o povo de Deus, separado pela fé em mim'" (Atos 26:14-18).

Assim sendo, nos primeiros dias de sua vida cristã, ele não somente sabia que era um canal escolhido através do qual Deus comunicaria Sua revelação, mas tinha uma ideia geral do que Deus havia planejado para seu futuro. Ele sabia que seu ministério: (1) o levaria para bem distante do seu lar, (2) seria direcionado especialmente aos gentios e (3) o envolveria em grande sofrimento. Somente de forma gradativa ele compreendeu que esse chamado não somente era um novo propósito de Deus para sua vida como também o auge do processo preparatório que começara antes do seu nascimento.

Acontece o mesmo atualmente. O chamado do missionário não é tão somente um novo propósito para a vida, mas é também a descoberta do propósito para o qual Deus o trouxe ao mundo. O Senhor disse aos Seus discípulos que as posições de liderança em Seu reino eram designadas conforme a soberania de Seu Pai. "Esses lugares serão daqueles para quem eles foram preparados" (Marcos 10:40). Paulo reconhecia isso, porém somente de forma gradual teve uma lúcida compreensão da obra de Deus em sua vida.

Foi somente após os judeus terem consistentemente rejeitado sua mensagem que Paulo dedicou-se quase exclusivamente aos gentios. Sua experiência em Corinto o fez tomar uma decisão. "Paulo se dedicou totalmente à pregação da palavra e testemunhava aos judeus que Jesus era o Cristo. Mas, quando eles se opuseram a Paulo e o insultaram, ele sacudiu o pó da roupa e disse: 'Vocês são responsáveis por sua própria destruição! Eu sou inocente. De agora em diante, pregarei aos gentios'" (Atos 18:5-6).

Vários anos após sua conversão, esse chamado inicial foi renovado e confirmado pela igreja em Antioquia onde ele havia ensinado por um ano. "Certo dia, enquanto adoravam o Senhor e jejuavam, o Espírito Santo disse: 'Separem Barnabé e Saulo para realizarem o trabalho para o qual os chamei'" (Atos 13:2). Dessa forma, o chamado geral agora se tornou específico, e eles alegremente partiram, "enviados pelo Espírito Santo" (13:4).

Portanto, o primeiro grande passo no cumprimento da Grande Comissão do Senhor e do início do grande empreendimento missionário mundial foi negociado com segurança.

A reformulação da ambição

Um líder geralmente é uma pessoa ambiciosa. Mesmo em seus dias pecaminosos, o apóstolo Paulo era ferozmente ambicioso, e a conversão certamente não apagou essa chama. Ele não podia fazer as coisas pela metade, pois parecia possuir uma compulsão interior que o instigava implacavelmente a seguir em frente. Impaciente com o *status quo*, seu olhar sempre fixava maiores realizações e novos horizontes.

A ambição pecaminosa de Paulo fixara-se anteriormente em eliminar o nome do impostor Jesus, exterminando Seus seguidores e extinguindo a crescente influência de Sua Igreja. Seu ardente zelo pelo judaísmo, o qual ele considerava a única religião verdadeira, levou-o a excessos bárbaros. Até o momento de sua dramática conversão, Saulo estava "motivado pela ânsia de matar os discípulos do Senhor" (Atos 9:1). Em diversas ocasiões Paulo falou sobre a determinação do seu coração na fase da pré-conversão: "E fui ao encalço dos seguidores do Caminho, perseguindo alguns até a morte, prendendo homens e mulheres e lançando-os na prisão" (Atos 22:4). "Muitas vezes providenciei que fossem castigados nas sinagogas, a fim de obrigá-los a blasfemar. Eu me opunha a eles com tanta violência que os perseguia até em cidades estrangeiras" (Atos 26:11). "Superava a muitos dos judeus de minha geração, sendo extremamente zeloso pelas tradições de meus antepassados" (Gálatas 1:14). Essas eram as ações de um homem insensato.

A soberana orientação de Deus é mais bem percebida na forma que essa intensa ambição natural foi reconduzida para canais espiritualmente produtivos, totalmente opostos aos dos dias passados. Sua nova ambição achou um novo objetivo na glória de Cristo e na expansão de Seu reino. Ele cravou sua antiga ambição na cruz, ansiando agora trazer bênção para aqueles que outrora planejara exterminar. "Desejo muito visitá-los," escreveu aos crentes de Roma, "a fim de compartilhar com vocês alguma dádiva espiritual que os ajude a se fortalecerem" (Romanos 1:11).

Paulo tinha duas grandes ambições. A primeira era *ganhar o sorriso do Senhor*. "Assim, quer estejamos neste corpo, quer o deixemos, nosso objetivo é agradar ao Senhor" (2 Coríntios 5:9). A aprovação pessoal de Cristo era recompensa suficiente por qualquer serviço ou sofrimento. Essa ambição o estimulou ao longo do fiel e *sacrificial* serviço.

A segunda ambição de Paulo estava relacionada à sua carreira: "Sempre me propus a anunciar as boas-novas onde o nome de Cristo nunca foi ouvido, para não construir sobre alicerce alheio" (Romanos 15:20). Já foi dito que ele sofria de uma intensa claustrofobia espiritual. Ele era impulsionado pela insaciável paixão por *seguir em frente*; não podia ficar delimitado. Não havia sido chamado para ir "para longe, para os gentios" (Atos 22:21)? Isso acabou tornando-se questão de honra para ser leal à sua comissão.

Paulo de Tarso era atraído pelas regiões distantes. Seus horizontes não tinham fim: Corinto, Roma, Espanha. Kipling poderia estar falando sobre Paulo quando escreveu:

Algo escondido, vá encontrá-lo,
Vá procurar além dos limites,
Algo perdido além dos limites,
Perdido, e esperando por você — Vá!
Deus cuidou de esconder aquele país,
Até julgar que Seu povo estava pronto.
Então me escolheu para Seu sussurro,
E eu o encontrei, e agora é Seu.

Aqui, como em todos os lugares, Paulo foi um líder modelo para a Igreja dos tempos vindouros. Seu zelo missionário inflamou Henry Martyn, que disse que desejava "não se consumir por avareza, por ambição ou por si mesmo, mas em olhar para o alto, para a oferta consumada e se consumir por Deus e Sua obra". Uma ambição semelhante tem impulsionado a imaginação e o coração de todo grande missionário. Como Paulo, nós também devemos ser ambiciosos por ocupar, para Cristo, cada área ou território desocupado.

Não é necessário enfatizar que a ambição de Paulo era essencialmente abnegada e cristocêntrica. Ele próprio era a melhor ilustração do amor altruísta que defendia. Ansiava ser útil a Deus e ao seu próximo, e de pagar sua dívida a ambos. "...esperamos que [...possamos] anunciar as boas-novas em outros lugares, para além de sua região, onde ninguém esteja trabalhando. Assim, ninguém pensará que estamos nos orgulhando do trabalho feito em território de outros" (2 Coríntios 10:15-16).

Uma nova motivação

Somente uma poderosa motivação poderia inspirar e manter uma ambição tão desgastante. Em várias declarações circunstanciais em suas cartas, o apóstolo revelou alguns dos motivos que inspiraram suas obras prodigiosas e que o tornaram um líder inspirado e inspirador.

O primeiro, em relação ao tempo e em ordem de importância, era a convicção inabalável de Paulo de que *Cristo é o Messias prometido*, e, portanto, com o direito absoluto ao senhorio de sua vida. As duas perguntas que ele fez imediatamente após a sua visão celestial — "Quem és tu Senhor?" e "Que devo fazer, Senhor?" — estão centradas nesses dois fatos (Atos 22:8,10).

O segundo maior motivo na vida transformada de Paulo era o poder constrangedor do *amor de Cristo*. "...o amor de Cristo nos impulsiona" (2 Coríntios 5:14) — e nos controla, não nos dá opções. O amor que havia quebrantado e capturado seu coração rebelde na estrada de Damasco continuou a sustê-lo em dependência espontânea até o novo encontro com seu Senhor em glória. Foi isso que o capacitou a passar por tremendas provações, sofrimentos e privações, que eram seu destino. Esse amor por Cristo inevitavelmente expressou-se em amor ardente por aqueles por quem Ele morreu.

Paulo labutou sob um inescapável *senso de obrigação*. "...sinto grande obrigação", escreveu, "tanto para com os gregos como os bárbaros, tanto para com os instruídos como os não instruídos" (Romanos 1:14). Ele tinha a autêntica paixão missionária para compartilhar uma grande descoberta, e essa obrigação obstinada transpunha todas as barreiras raciais e diferenças culturais. Ele se sentia igualmente em dívida para com *todos os homens*, pois todos estavam incluídos na dimensão do amor e sacrifício de Cristo. Condição social, riqueza, pobreza e falta de instrução eram irrelevantes. Custasse o que custasse Paulo queria pagar sua dívida.

> *Vejo as pessoas somente como almas,*
> *Confinados, que deveriam ser conquistadores,*
> *Escravos que deveriam ser reis.*
> *Ouvindo sua única esperança sem calma,*
> *Tristemente satisfeitos com coisas sem valor.*
> *Então, depressa a ânsia me fez despertar,*
> *Como o soar de uma trombeta, me abalou*
> *Ó, desejo perecer para estes salvar,*
> *Morrer para que vivam, por sua salvação me entregar.*
> —F. W. H. Myers

"O temor do Senhor" era, para o apóstolo, uma realidade sagrada e constituía uma motivação poderosa, levando-o a buscar o perdido. "Assim, conhecendo o temor ao Senhor, procuramos persuadir outros" (2 Coríntios 5:11). Ele acreditava que a ira do Deus de amor existe e subsiste. "Assim, Deus mostra do céu sua ira contra todos que são pecadores e perversos, que por sua maldade impedem que a verdade seja conhecida" (Romanos 1:18).

No entanto, toda vez que Paulo se referia à ira e ao julgamento de Deus, falava em um tom amoroso da misericórdia do Salvador. "Pois o salário do pecado é a morte, mas a dádiva de Deus é a vida eterna em Cristo Jesus, nosso Senhor" (Romanos 6:23).

Para Paulo, a *esperança da volta de Cristo* era a origem de forte motivação espiritual. Ele era profundamente influenciado pelos poderes do mundo vindouro. "Pois a nossa pátria está nos céus, de onde também aguardamos o Salvador, o Senhor Jesus Cristo" (Filipenses 3:20). Essa gloriosa perspectiva era para ele um impulso em sua tarefa de ganhar almas. "Nossa cidadania, no entanto, vem do céu, e de lá aguardamos ansiosamente a volta do Salvador, o Senhor Jesus Cristo" (1 Tessalonicenses 2:19).

Cursos de aperfeiçoamento

Todos nós precisamos ir para a Arábia para aprender lições assim. O próprio Senhor foi levado ao deserto. E de uma forma ou outra, cada pessoa que realizou um grande feito no mundo passou por períodos semelhantes de obscuridade, sofrimento, desilusão e solidão.[8] —F. B. Meyer

Apesar do apóstolo Paulo ter recebido um treinamento religioso e acadêmico de primeira linha, para tirar o máximo proveito e atingir o propósito eterno de Deus aos gentios, ele precisava submeter-se a um curso de aperfeiçoamento. Seu espírito impetuoso tinha que ser moderado, sem, no entanto, suprimir seu zelo peculiar.

Para obtê-lo, um período de afastamento, de solidão era necessário, pois a solidão é um elemento importante no processo de maturidade. A liderança espiritual não se desenvolve melhor com a publicidade excessiva. Além disso, como Deus quer qualidade em Seus instrumentos escolhidos, o tempo não é crucial para Ele. Nós sempre estamos com pressa, mas Ele não.

Diferentemente de muitas pessoas hoje, Paulo não se "atirou" imediatamente em seu novo trabalho, mas sabiamente procurou a solidão. Ele preferiu estar a sós para meditar e para correlacionar o presente ao passado. "...não consultei ser humano algum. Tampouco subi a Jerusalém para pedir o conselho daqueles que eram apóstolos antes de mim. Em vez disso, fui à Arábia e depois voltei à cidade de Damasco" (Gálatas 1:16-17). Estranhamente, Lucas não registra no livro de Atos a permanência de Paulo na Arábia.

Hoje há uma tendência descabida em estimular os novos convertidos a destacarem-se antes mesmo de realmente terem firmado seus pés. Paulo evitou essa cilada.

---

[8] Meyer, F. B., *Paul*, 64.

A preparação de um pioneiro

Provavelmente quase 12 anos de treinamento silencioso e empenho evangelístico decorreram antes de lançar-se em sua brilhante carreira missionária.

Não sabemos a localização exata de seus anos de retiro. Alguns pensam que ele foi ao Sinai, uma conjectura razoável. Mas, segundo o parecer do Sr. William Ramsay, ele foi ao país adjacente ao leste de Damasco.

A revolução espiritual fora tão devastadora em sua vida que ele precisava de tempo para ajustar seus pensamentos. Ali, na escola do Espírito, "o seminário de um homem só", com infinita disponibilidade, Deus ensinou e treinou o mensageiro escolhido para espalhar o evangelho ao mundo. Ele tinha que revisar a veracidade de todas as passagens do Antigo Testamento à luz da nova revelação. Aqui estava um árduo desafio de exegese.

As inimagináveis implicações dos sofrimentos e morte do Messias tinham que ser meticulosamente analisadas. Agora, ele tinha que formular sua teologia em linhas radicalmente diferentes. Através desses dias e anos de formação, sob a tutela do Espírito, Paulo estava inconscientemente armazenando em sua mente fatos e argumentos que lhe serviriam de vantagem nos dias venturos de controvérsias e oposição. Ali, também, ele desprendeu-se do fardo insuportável da prática da lei farisaica e apoderou-se da doutrina da graça, livre, porém dispendiosa.

Pelos mundanos de loucos chamados,
Escolhidos de Deus, e não do homem,
Em Tuas escolas secretas educados,
Para que Teus planos eternos avancem.

E agora, apesar de escondidos de nosso olhar,
Nos desertos de Midiã, ou nas colinas do Sinai,
Espírito de Deus, tens os Teus homens a esperar,
O tempo para fazer a vontade de Adonai.

Quando o clarão da chama Pentecostal,
À noite vier a se revelar,
Que meu coração brilhe como cristal,
Para Teu amor eterno exaltar.

—Frank Houghton

Sucedendo seu período de reclusão na Arábia, Paulo retornou para Damasco (Gálatas 1:17) e, três anos mais tarde, retornou à "Cidade Santa". Sua primeira prioridade, através da comunhão com Pedro, era adquirir mais conhecimento do Senhor. A segunda, ele esperava conquistar os rabinos ao novo movimento. Nisto, no entanto, foi tristemente desapontado.

Paulo falou dessa experiência em Jerusalém:

"Depois que voltei a Jerusalém, estava orando no templo e tive uma visão, na qual o Senhor me dizia: 'Depressa! Saia de Jerusalém, pois o povo daqui não aceitará seu testemunho a meu respeito'. E eu respondi: 'Senhor, sem dúvida eles sabem que em cada sinagoga eu prendia e açoitava aqueles que criam em ti. E quando Estêvão, tua testemunha, foi morto, eu estava inteiramente de acordo. Fiquei ali e guardei os mantos que eles tiraram quando foram apedrejá-lo'. Mas o Senhor me disse: 'Vá, pois eu o enviarei para longe, para os gentios'" (Atos 22:17-21).

Após seu ministério de curta duração em Damasco e Jerusalém, Paulo retornou a Tarso onde permaneceu por aproximadamente oito anos. Não está muito claro como ele passou aqueles anos, mas podemos ter certeza de que propagava sua nova fé. Aquele período preparatório de evangelismo culminou em um ano de rica experiência na igreja de Antioquia sob a orientação de Barnabé.

Tendo essa igreja como centro, Paulo iniciou sua missão de ser apóstolo ao mundo gentio. Foram anos muito importantes, durante os quais se submeteu a um grande amadurecimento e desenvolvimento de caráter. Os que almejam ser líderes devem perceber que Paulo provou-se e foi aprovado para o trabalho em sua igreja local e sua cidade antes de partir como um pioneiro espiritual para trabalhar em áreas mais abrangentes.

Como resultado desses anos de obscuridade, "quando ele foi trabalhar era portador de uma mensagem de Deus — concedida a ele, original e recém-recebida de Deus".

3

O retrato de um líder

*Um homem não é somente o que se atribui
aos seus pais, amigos e professores,
mas é também o que Deus fez dele por chamá-lo
para um ministério particular e por dotá-lo
com dons naturais e espirituais
adequados.* —John Stott

Onde quer que fosse, Paulo se destacava como um homem de autoridade e personalidade incomuns — um homem que era líder em sua totalidade. Em um encontro de líderes missionários em Xangai, muitos anos atrás, foi pedida a opinião de D. E. Hoste, sucessor de Hudson Taylor como diretor geral na Missão do Interior da China, quanto ao que era a marca de um bom líder. Com seu humor extravagante e costumeiro, ele respondeu: "Se eu quisesse descobrir se sou um líder, olharia para trás para ver quem me seguia!".

Nunca faltou seguidores para Paulo. Suas qualidades de caráter irresistivelmente o elevavam acima de seus colegas e companheiros. Por exemplo, quando ele e Barnabé saíram para a primeira viagem missionária, a ordem era "Barnabé e Paulo". Mas não demorou muito, e pela absoluta força de seu caráter, ele ultrapassou o mais velho, e daí lemos "Paulo e Barnabé". Contando a seu favor, parece que Barnabé, de grande coração, não se ressentiu com a liderança de seu companheiro mais jovem.

O incidente em Listra, onde Paulo e Barnabé foram confundidos com os deuses Mercúrio e Júpiter, fornece-nos um enfoque interessante (Atos 14:11-20). Havia um mito que esses dois deuses visitavam algumas das pessoas daquela região e recompensavam sua hospitalidade transformando suas humildes cabanas em palácios. Eles imaginavam Júpiter como uma figura alta, majestosa, e Mercúrio como seu mensageiro e porta-voz. As pessoas concluíram que o alto, paternal Barnabé era Júpiter, e que Paulo fisicamente inexpressivo, era Mercúrio.

A conclusão deles revela a diferença entre a perspectiva oriental e ocidental. Como pessoas da civilização do Ocidente, naturalmente visualizaríamos como líder uma pessoa dinâmica e cheia de energia. Mas a mente oriental seria mais propensa a considerar como líder aquele que senta e permite seus subordinados fazerem o trabalho. Os nomes designados para ambos, Paulo e Barnabé, refletem esse conceito. Ao mesmo tempo, ao avaliarem Paulo como Mercúrio, prestavam comovente tributo à autoridade e persuasão de seu discurso. Apesar de sua fraqueza, medo, tremor (1 Coríntios 2:3), suas palavras eram acompanhadas por poder divino.

Como o povo é volúvel! Adorado como um deus em um dia, e apedrejado no outro! "Os deuses vieram até nós em forma de homens! [...] Apedrejaram Paulo e o arrastaram para fora da cidade" (Atos 14:11,19).

Um homem de muitas dimensões

No naufrágio em sua viagem a Roma, quando parecia inevitável que tudo se perderia, foi Paulo que se levantou como uma figura heroica (Atos 27:27-44). O prisioneiro apostólico comandou o capitão! Tal era sua sólida personalidade e autoridade moral, que toda a tripulação obedeceu às suas orientações sem questionamentos. Quando foi a julgamento por sua vida perante o rei Agripa, foi o prisioneiro que sentenciou o juiz, ao invés de o juiz sentenciar o prisioneiro (Atos 26).

Paulo não exercitava sua autoridade de maneira rude ou arbitrária, mas também não suportava os enganadores. Ele era sensato e não opressor. Expressou sua própria atitude concernente a autoridade quando escreveu aos coríntios: "Escrevo-lhes essas coisas antes de visitá-los, na esperança de que, ao chegar, não precise tratá-los severamente. Meu desejo é usar a autoridade que o Senhor me deu para fortalecê-los, e não para destruí-los" (2 Coríntios 13:10).

A liderança de Paulo não era perfeita, mas nos fornece um exemplo tremendamente encorajador e inspirador do que significa continuar avançando rumo à maturidade. Um líder deve estar disposto a desenvolver-se em muitos aspectos e em muitas habilidades, mas com uma unidade de propósito.

Para Paulo a concepção do líder no trabalho cristão é refletida nas palavras que usou para descrever esse papel. O líder é um *despenseiro* (1 Coríntios 4:1 ARA), uma palavra que significa "o encarregado dos recursos de uma casa". Ele também é um *líder* (1 Coríntios 12:28), uma palavra que denota o timoneiro que guia o navio, e, portanto, aquele que dirige a tarefa. Um líder cristão é um *bispo* (Atos 20:28), uma palavra que significa um guardador ou protetor. Ele é um *presbítero* (Atos 20:17), sugerindo maturidade na experiência cristã. E ele também é um que *preside* (Romanos 12:8 ARA), um que fica à frente do povo e o lidera.

Naturalmente, nem todo líder preenche todas essas funções, mas a maneira como Paulo fez uso dessas palavras descritivas nos dá alguma indicação sobre a complexidade da incumbência e da necessidade de flexibilidade e adaptabilidade em sua prática. A versatilidade que caracterizou sua própria liderança é demonstrada através da variedade de táticas que empregou ao lidar com os problemas de pessoas e igrejas diferentes.

Às vezes Paulo era gentil e paternal: "...fomos como a mãe que alimenta os filhos e deles cuida" (1 Tessalonicenses 2:7-8, 11-12). Mas, quando a necessidade exigia, ele também *trovejava* se exasperava: "Em minha segunda visita, já adverti aqueles que estavam em pecado. Agora, como naquela ocasião, volto a adverti-los e os demais de que, da próxima vez, não os pouparei" (2 Coríntios 13:2). Frequentemente ele era fraternal: "Irmãos, depois de um breve tempo separados de vocês, [...] Queríamos muito visitá-los, e eu, Paulo, tentei não apenas uma vez, mas duas" (1 Tessalonicenses 2:17-18). Algumas vezes usava um sarcasmo pungente na esperança de elevar o estado de espírito de seus irmãos na fé: "Pensam que já são ricos e até já começaram a reinar sem nós! [...] Nossa dedicação a Cristo nos faz parecer loucos, mas vocês afirmam ser sábios em Cristo. Nós somos fracos, mas vocês são fortes. Vocês são respeitados, mas nós somos ridicularizados" (1 Coríntios 4:8-10).

Podemos ver nos escritos de Paulo que era brincalhão: "Talvez reconheçam que não fui um peso para vocês, mas pensem que, mesmo assim, fui astuto e usei de artimanhas para tirar proveito de vocês" (2 Coríntios 12:16). Outras vezes ele concedia generosos louvores: "E então, irmãos, vocês foram perseguidos por seus próprios compatriotas, tornando-se assim imitadores das igrejas de Deus em Cristo Jesus na Judeia, que também sofreram nas mãos de seu próprio povo, os judeus" (1 Tessalonicenses 2:14). Ele impulsionava uma igreja a imitar a generosidade de outra: "Não estou ordenando que o façam, mas sim testando a sinceridade de seu amor ao compará-lo com a dedicação de outros" (2 Coríntios 8:8).[1]

Não há uma rígida uniformidade no método de liderança de Paulo. A abordagem flexível que ele adotou geralmente provava ser muito mais aceitável e bem-sucedida.

---

[1] Speer, Robert, *The Man Paul* (O homem Paulo), Londres: S.W. Partridge, 289.

Ao treinar homens para liderança, Paulo, assim como seu Mestre, focou-se tanto em indivíduos como também em multidões. Ele dedicou sua vida a um número pequeno de homens com potencial para liderança. Não tentou exercer controle litúrgico sobre suas mentes, assim como não colocava sua confiança em personalidades brilhantes ou em relações públicas aprimoradas. Sua confiança insuperável estava depositada na cooperação prometida pelo Espírito Santo.

A liderança dinâmica do apóstolo deixou sua marca em todo o mundo ocidental. Como disse R. E. O. White sobre a influência de Paulo:

> Muito além de sua imaginação, ou da compreensão de seus contemporâneos, Paulo gravou seu nome profundamente na história da humanidade como um dos construtores da Europa e, de fato, de todo o mundo ocidental; pois as coisas que ele escreveu e defendeu se tornaram conjecturas inquestionáveis de toda forma medieval de vida, sobre a qual a civilização moderna no ocidente foi construída.[2]

Uma característica surpreendente de sua liderança foi a de que não decaiu com o passar dos anos, nem mesmo as grades da prisão puderam restringir seu alcance. Mesmo quando ele era "Paulo, o velho", permaneceu como modelo e líder de um grupo de homens dinâmicos e mais jovens. A afeição que ele provocava no coração de seus seguidores era

---

[2] White, Reginald E. O., *Apostle Extraordinary* (Apóstolo extraordinário), Londres: Pickerings, 1962.

refletida nas lágrimas que fluíram quando lhes disse que eles não o veriam mais (Atos 20:36-38).

Sensibilidade pelos outros

Líderes com os talentos e força de caráter que Paulo possuía frequentemente tendem a dominar e anular outros menos poderosos e a ser insensíveis aos direitos e convicções dos outros. Paulo era meticuloso em seus relacionamentos, lidando com situações difíceis com raro tato e consideração.

O significado original da palavra *tato* refere-se ao sentido de toque e veio a significar a habilidade em lidar com pessoas ou situações sensíveis. Tato é definido como "percepção intuitiva, especialmente uma percepção rápida e refinada do que é conveniente, apropriado e certo". Ela faz referência à habilidade de uma pessoa em conduzir negociações delicadas e questões pessoais de forma a reconhecer direitos mútuos, conduzindo a uma solução harmoniosa.

Paulo era atencioso e sensível aos direitos e sentimentos dos outros e cautelosamente evitava desentendimentos. Ele esmerava-se para evitar transpor a esfera de autoridade da outra pessoa. A passagem seguinte revela sua noção de cortesia territorial:

"Não nos orgulharemos do que se fez fora de nosso campo de autoridade. Antes, nos orgulharemos apenas do que aconteceu dentro dos limites da obra que Deus nos confiou, que inclui nosso trabalho com vocês. Quando afirmamos ter autoridade sobre vocês, não

ultrapassamos esses limites, pois fomos os primeiros a chegar até vocês com as boas-novas de Cristo. Também não nos orgulhamos do trabalho realizado por outros nem assumimos o crédito por ele. Pelo contrário, esperamos que sua fé cresça de tal modo que se ampliem os limites de nosso trabalho entre vocês. Então poderemos anunciar as boas-novas em outros lugares, para além de sua região, onde ninguém esteja trabalhando. Assim, ninguém pensará que estamos nos orgulhando do trabalho feito em território de outros"
(2 Coríntios 10:13-16).

A sensibilidade de Paulo é vista singularmente na forma habilidosa com a qual conduziu as negociações com Filemom sobre Onésimo. "Mas eu nada quis fazer sem seu consentimento. Meu desejo era que você ajudasse de boa vontade, e não por obrigação" (Filemom 14).

A coragem de um leão apostólico

O teste de coragem em um líder inclui sua capacidade de lidar com fatos desagradáveis e situações devastadoras sem pânico, assim como sua disposição em ter pulso firme quando necessário, mesmo que isso não traga popularidade. "Porque correto é correto, seguir o certo seria sabedoria pelo temor da consequência."

A coragem moral de Paulo se igualava à sua coragem física, que era de padrão muito elevado. Ele não se detinha pelos sofrimentos esperados nem pelo perigo presente toda vez que eles o confrontavam a fim de impedir seu trabalho. A sua obstinada coragem é evidente em suas próprias palavras: "Agora, impelido pelo Espírito, vou a Jerusalém. Não sei o que me espera ali, senão que o Espírito Santo me diz, em todas as cidades, que tenho pela frente prisão e sofrimento" (Atos 20:22-23).

O corajoso apóstolo confrontou, como um leão, a multidão enraivecida pela causa de seu Mestre. "Ele também quis entrar, mas os discípulos não permitiram. Alguns amigos de Paulo, oficiais da província, também lhe enviaram um recado no qual suplicaram que não arriscasse a vida entrando no anfiteatro" (Atos 19:30-31). Ele compreendeu que nem sempre é nosso dever evitar o perigo.

Contudo, a coragem do apóstolo não desconhecia o temor. "Fui até vocês em fraqueza, atemorizado e trêmulo", ele disse aos coríntios (1 Coríntios 2:3). Uma indiferença apática ao perigo não é um sinal de coragem verdadeira. O homem que não conhece o medo não pode conhecer a coragem. Paulo conhecia o medo, mas também sabia que Deus não havia dado a ele "um Espírito que produz temor e covardia", mas sim que lhe conferia "poder" (2 Timóteo 1:7).

Paulo exibiu notável equilíbrio mental — tão apreciado pelos gregos — que não pende nem para a direita nem para a esquerda. Sua coragem não deslizou entre a estupidez e a timidez. Suas cartas revelam sua compreensão destemida, porém terna, sobre o ponto crítico de um problema, escrevendo uma carta austera ou dispensando uma merecida repreensão.

Paulo não estava preparado para permitir que certas coisas fossem aceitas por negligência simplesmente para poupá-lo do incômodo ato de aplicar a disciplina necessária.

Ele demonstrou muita coragem quando, ainda recém-chegado, repreendeu o grande Pedro por sua pretensão. "Mas, quando Pedro veio a Antioquia, tive de opor-me a ele abertamente, pois o que ele fez foi muito errado" (Gálatas 2:11).

A determinação de um comandante de campo

O marechal-de-campo Montgomery estabeleceu que um dos sete ingredientes da liderança militar efetiva é: "O líder militar deve ter o poder de tomar uma decisão clara, precisa". O apóstolo Paulo, como um comandante do campo espiritual, preenche totalmente essa categoria de liderança. De fato, essa era uma característica chave de seu caráter, e ele a demonstrou no exato momento de sua conversão.

Quando os céus romperam e ele viu Cristo exaltado, sua primeira pergunta foi: "Quem és tu, Senhor?". A resposta "Eu sou Jesus, o nazareno, a quem você persegue" (Atos 22:8) superou todo seu universo teológico, mas ele aceitou imediatamente *as implicações* de sua descoberta. Uma rendição absoluta ao Filho de Deus era a única resposta possível e, com sua alma completamente refeita, decidiu ali mesmo ser totalmente submisso e obediente. Isso o levou a sua segunda pergunta: "Que devo fazer, Senhor?" (Atos 22:10).

Vacilação e indecisão não tinham espaço no treinamento de Paulo. Uma vez seguro dos fatos, ele prontamente tomava uma decisão. Ter recebido a luz significava segui-la. Descobrir seu dever implicava cumpri-lo. Uma vez convicto da vontade de Deus, o líder efetivo agirá independentemente das consequências. Ele estará disposto a não deixar rastros e aceitará a responsabilidade tanto pelo fracasso como pelo sucesso. Procrastinação e vacilação são fatais para liderança. Uma decisão sincera, porém equivocada é melhor do que nenhuma decisão. Na verdade, nenhuma decisão *é* uma decisão — uma decisão que significa que a situação presente é aceitável. Na maioria das decisões a dificuldade não é saber o que precisamos fazer, mas extrair qual é o propósito moral para que se possa tomar uma decisão sobre a questão. Esse processo de resolução não causava qualquer problema para Paulo.

A troca de encorajamento

Se foi por causa dos tempos de convivência com Barnabé ou não (chamado pelos seus companheiros de "Filho do encorajamento"), Paulo se especializou nesse ministério. O encorajamento é um elemento recorrente em suas cartas às igrejas, especialmente aquelas que estavam passando por terríveis provações. Apesar de Paulo ser tão forte em caráter e fé, não era imune ao desânimo e à depressão. Ele alcançou pleno êxito no viver cristão, mas não o alcançou da noite para o dia. "Mas Deus, que conforta os desanimados, nos encorajou com a chegada de Tito", esse apóstolo testificou (2 Coríntios 7:6). Mais adiante afirmou: "aprendi a ficar satisfeito com o que tenho" (Filipenses 4:11). O que se percebe é que nem sempre fora assim, mas que ele finalmente se apossara do segredo de viver acima das situações desanimadoras. Ocorreu um processo de aprendizagem com o apóstolo; da mesma forma nós também devemos aprendê-lo ao enfrentar adversidades.

> *Não deixa ninguém pensar que de repente, num momento*
> *Tudo está realizado e o trabalho findado;*
> *Embora inicies com o raiar da aurora no firmamento*
> *Raro é que ao pôr do sol tenhas terminado.* —F. W. H. Myers

Na segunda carta aos coríntios, Paulo se regozija por sua primeira carta, mais severa, ter alcançado seus objetivos. Compartilha com eles alguns segredos que aprendera e que o capacitaram a viver acima do desânimo. Ele usa a expressão "nunca desistimos" (2 Coríntios 4:1,16), e pelo contexto podemos inferir a razão. No capítulo 3, ele estava descrevendo a glória radiante da nova aliança da graça, comparada à antiga aliança da Lei, e então no versículo 18 revelou o segredo do compartilhar e refletir aquela glória.

Portanto podemos entender as declarações de Paulo sobre perseverança espiritual no capítulo 4. "Nunca desistimos" é uma declaração forte, e outras traduções a destacam bem: "nunca ficamos desanimados" (NTLH); "não desmaiamos" (TB). Uma forte motivação deve sempre estar presente para alcançar um fim desejado.

Um motivo para Paulo nunca desanimar era ter sido incumbido de um ministério glorioso. "Portanto, visto que Deus, em sua misericórdia, nos deu a tarefa de ministrar nesse novo sistema, nunca desistimos" (2 Coríntios 4:1).

No início Paulo pode ter pensado que seu zelo mal orientado o tinha desqualificado para servir a Deus. Mas sua confiança foi renovada ao entender que "Deus, em sua misericórdia", havia lhe dado "a tarefa de ministrar". Ele não era um homem autoconfiante, nem autodidata. Reconhecia que a "...nossa capacitação vem de Deus. Ele nos capacitou para sermos ministros da nova aliança" (2 Coríntios 3:5-6). Paulo nunca esqueceu o quanto Deus *lhe* havia confiado.

Aqui estava uma mensagem revolucionária para proclamar. É difícil compreendermos como isso deve ter sido ilógico para os judeus, pois era uma completa inversão do conceito da antiga aliança, sob a qual se baseava toda sua vida religiosa. Os implacáveis "Farás [...] Não farás [...]" foram substituídos pela garantia divina "Eu farei [...] Eu farei". A nova aliança veio com a certeza da capacitação divina (Jeremias 31:31-34; Ezequiel 36:25-29; Hebreus 8:8-13). Não era uma mensagem para uma elite espiritual, mas feita especialmente para suprir as necessidades das pessoas que haviam fracassado — uma mensagem principalmente sobre os fracassos.

Basicamente o que Paulo estava dizendo: "Visto que tenho uma mensagem tão gloriosa, não me admiro por não desanimar!". Desanimamos quando perdemos a reverência pela mensagem que nos foi confiada.

Paulo também tinha a certeza de receber novas forças divinas todos os dias. "Por isso, nunca desistimos. Ainda que nosso exterior esteja morrendo, nosso interior está sendo renovado a cada dia" (2 Coríntios 4:16). Em meio ao cansaço, lágrimas e sofrimentos aos quais estava exposto, seu corpo realmente se desgastava. Contudo, essa não era a história completa: ao mesmo tempo um *contraprocesso* se realizava. Seu ser interior experimentava renovação espiritual — novas forças de Deus. "Por isso, nunca desistimos", Paulo exclamou.

Nosso Pai celestial conhece as tensões e pressões envolvidas em nosso serviço a Ele. Deus não é insensível ao preço que frequentemente pagamos por servi-lo. Sabe quando estamos perto do colapso e, para reverter a situação, promete-nos renovação diária. Por que nós não usufruímos mais de Deus quando há tamanha provisão?

Paulo era muito sensível às influências externas e muitas vezes sentia-se só, mas as notícias do progresso espiritual de indivíduos ou igrejas o alegravam e o animavam imensamente. "Por isso, irmãos, apesar de nossos sofrimentos e dificuldades, ficamos animados porque vocês permaneceram firmes na fé" (1 Tessalonicenses 3:7). Ele descobriu que o encorajamento era recíproco.

Fé e visão

Uma das funções mais importantes de um líder espiritual é comunicar sua própria fé e visão àqueles que o seguem. Paulo confiava plena e profundamente em Deus. O próprio apóstolo declarou: "Pois eu confio em Deus que sucederá do modo por que me foi dito" (Atos 27:25).

Paulo não tinha lacuna de credibilidade em relação a Deus. A fé na Palavra de Deus que ele demonstrou em alto-mar era bem característica da confiança que tinha de que o Senhor faria tudo que prometeu.[3]

Paulo nada seria se não tivesse fé. Sua confiança em Cristo era absoluta e onde quer que fosse abandonava pessoas cuja

---

[3] Dyet, James T., *Man of Steel and Man of Velvet* (Homem de aço e homem de veludo), Denver: Accent Books, 1976, 55.

fé era estimulada e renovada. Ele via a fé como o princípio norteador da vida cristã diária. "Porque vivemos por fé, e não pelo que vemos" (2 Coríntios 5:7).

Paulo considerava o desejo de sinais exteriores, milagres, ou sentimentos íntimos para firmar a fé, um sinal de imaturidade espiritual. A fé se ocupa com o invisível e espiritual. A visão se preocupa com o visível e o tangível. A visão reconhece a realidade apenas em coisas presentes e concretas. "A fé mostra a realidade daquilo que esperamos; ela nos dá convicção de coisas que não vemos" (Hebreus 11:1).

Fé é certeza, dependência, confiança, e tem envolvimento direto com Deus. "Sem fé é impossível agradar a Deus. Quem deseja se aproximar de Deus deve crer que ele existe e que recompensa aqueles que o buscam" (Hebreus 11:6). A fé que Paulo depositava em Deus era genuína, uma confiança natural que jamais foi traída. O apóstolo sentia-se tão confortável com o Deus revelado nas Escrituras, tanto no âmbito do impossível como na esfera do possível. Seu Deus não conhecia limitações e, por conseguinte, era digno de confiança ilimitada.

Foi Paulo quem nos disse que "a fé vem por ouvir, isto é, por ouvir as boas-novas a respeito de Cristo" (Romanos 10:17). A fé verdadeira não vem por meio da introspecção, mas através de um envolvimento sincero naquilo que Deus já disse.

Se desejarmos ter fé, temos que primeiramente descobrir um fato autenticamente divino sobre o qual ela possa se amparar. Paulo nos lembra que esse era o segredo de Abraão — o pai dos fiéis. "Em nenhum momento a fé de Abraão na promessa de Deus vacilou. Na verdade, ela se fortaleceu e, com isso, ele deu glória a Deus" (Romanos 4:20). A fé se alimenta da promessa da Palavra de Deus.

Fé é visão. Paulo era capaz de ver coisas que eram invisíveis a muitos de seus companheiros que não possuíam semelhante fé. O servo de Eliseu viu claramente a imensidão do exército inimigo que os cercava, mas a fé de Eliseu o capacitou a ver as invencíveis forças do Céu (2 Reis 6). Sua fé concedeu a visão.

Onde os outros viam dificuldades, Paulo via oportunidades. "Por enquanto, permanecerei em Éfeso até a festa de Pentecostes. Há uma porta inteiramente aberta para realizar um grande trabalho aqui, ainda que muitos se oponham a mim" (1 Coríntios 16:8-9). Longe de o impedirem, a enorme oposição serviu somente como estímulo para o apóstolo entrar pela porta aberta.

Apesar de ser essencialmente realista, Paulo não deixava de ser otimista. Nenhum pessimista jamais se tornou um líder inspirador. O homem que enxerga somente as *dificuldades* não consegue discernir as *possibilidades* e nunca será inspiração para outros. Paulo se encaixaria na descrição de Browning:

Aquele que nunca deu suas costas,
Mas marchava de peito aberto,
Jamais duvidando que as nuvens surgiriam,
Nunca imaginando que apesar de os bons sofrerem,
O mal triunfaria.

O valor da amizade

"Você pode distinguir um homem pelos seus amigos." Há mais do que uma pitada de verdade nesse ditado. Em geral, a capacidade de liderar é medida pela habilidade de um homem em fazer amigos e manter amizades duradouras. Diferentemente de outros grandes homens, como o General de Gaulle [N.E.: Charles André Joseph Marie de Gaulle foi um general que comandou as Forças Francesas Livres na Segunda Guerra Mundial. Foi também político, estadista e o fundador da Quinta República Francesa, atuando como presidente da França de 1959 a 1969.], Paulo não priorizava o isolamento. Ele era um homem essencialmente social e possuía uma habilidade ímpar de capturar e manter o amor intenso e lealdade dos amigos com quem livremente interagia. Seu amor por eles era genuíno e profundo.

Paulo raramente trabalhava sozinho. Ele se sentia desesperadamente solitário quando isolado. "Ele tinha um dom para amizades", escreveu C. Lees. "Nenhum homem no Novo Testamento fez inimigos mais ferrenhos, mas poucos homens no mundo fizeram amigos melhores. Eles se aglomeravam ao seu redor tão intensamente a ponto de não podermos reconhecer suas personalidades em sua afeição."[4]

Sua alegria sempre aumentava pela presença de seus amigos. Ele dava o melhor quando estava acompanhado por seus companheiros. Para Paulo era inevitável envolver seus amigos em todos os tipos de riscos por amor a Cristo,

---

[4] Lees, Harrington C., *St. Paul and His Friends* (São Paulo e seus amigos), Londres: Robert Scott, 11.

mas eles o seguiam alegremente, porque estavam seguros de seu amor e preocupação por eles. Suas cartas irradiam o calor de sua afeição e apreço pelos seus companheiros de trabalho.

Foi John R. Mott que aconselhou: "...governe pelo coração. Quando argumento, lógica e outras formas de persuasão falharem, volte-se ao coração — para a amizade genuína". A amizade pessoal fará mais para extrair o melhor das outras pessoas do que os extensos e até os mais convincentes argumentos. Paulo era um mestre nessa arte.

A. W. Tozer, ao escrever a biografia de R. A. Jaffray, afirmou: "Nada pode tirar o lugar da afeição. Aqueles que a possuem em medida generosa têm um poder mágico sobre os homens".

Corações que ganhei, de irmã ou irmão,
Vivos na Terra, ou no chão sepultados,
A me esperar está cada coração,
Na família de Deus amigos imaculados.
—F. W. H. Myers

Um dos segredos de Paulo era sua capacidade de amar seus amigos desinteressadamente, amar mesmo sem nada receber em retorno. "Por vocês, de boa vontade me desgastarei e gastarei tudo que tenho, embora pareça que, quanto mais eu os ame, menos vocês me amam" (2 Coríntios 12:15).

Lucas, o médico amado, que, estando com seu amigo Paulo, arriscou sua vida, é um exemplo do tipo de intimidade que pode existir entre dois homens de idades e gostos semelhantes. A amizade de Paulo com Barnabé também era forte e, felizmente, superou severas diferenças de opinião sobre a deserção de João Marcos. A amizade de Paulo com Timóteo é um modelo de amizade entre um homem mais velho e outro mais jovem. Muitas mulheres também foram mencionadas entre os amigos dos quais ele lembrava com carinho (Romanos 16). A habilidade do apóstolo em fazer amizades foi essencial para influenciar, formar e capacitar novos líderes cristãos.

Modéstia confiante

Em suas pregações e escritos, Paulo inconscientemente usou suas próprias experiências como ilustrações e compartilhou suas próprias lutas interiores, frustrações e falhas. Ele não desonrou sua sinceridade e integridade (2 Coríntios 1:23; Romanos 9:1-2), mas também não se exaltou indevidamente. "Com base na graça que recebi, dou a cada um de vocês a seguinte advertência: não se considerem melhores do que realmente são. Antes, sejam honestos em sua autoavaliação, medindo-se de acordo com a fé que Deus nos deu" (Romanos 12:3).

Paulo tinha total consciência de suas falhas e fraquezas, especialmente por seu padrão de maturidade ser "à completa medida da estatura de Cristo" (Efésios 4:13). Ele reconhecia as limitações de suas próprias realizações. "Não estou dizendo que já obtive tudo isso, que já alcancei a perfeição. Mas prossigo a fim de conquistar essa perfeição para a qual Cristo Jesus me conquistou" (Filipenses 3:12). Mas, ao invés de abatê-lo moralmente, essas constatações o impulsionavam para aquilo que estava diante dele.

Vários de seus eventuais depoimentos refletem sua autoimagem:

"Afinal, quem é Paulo? Quem é Apolo? Somos apenas servos de Deus por meio dos quais vocês vieram a crer. Cada um de nós fez o trabalho do qual o Senhor nos encarregou" (1 Coríntios 3:5).

"Fui até vocês em fraqueza, atemorizado e trêmulo" (1 Coríntios 2:3).

"E, no entanto, não posso me orgulhar de anunciar as boas-novas, pois sou impelido por Deus a fazê-lo. [...] não tenho escolha, pois Deus me confiou essa responsabilidade" (1 Coríntios 9:16-17).

"Não que nos consideremos capazes de fazer qualquer coisa por conta própria; nossa capacitação vem de Deus" (2 Coríntios 3:5).

Apesar de toda essa modesta (mas saudável) autoavaliação, Paulo ousadamente exorta os coríntios: "Portanto, suplico-lhes que sejam meus imitadores" (1 Coríntios 4:16). Porém, mais adiante na epístola, ele adiciona uma cláusula importante: "Sejam meus imitadores, *como eu sou imitador de Cristo*" (1 Coríntios 11:1 – ênfase adicionada). Expor sua vida como exemplo não era uma exibição de orgulho, pois o que ele era e o que realizara fora por causa de Cristo. "E, no entanto, não ouso me vangloriar de nada, exceto do que Cristo fez por meu intermédio a fim de conduzir os gentios a Deus, por minha mensagem e pelo meu trabalho" (Romanos 15:18).

Sim, pois este Paulo, desprezado e rejeitado,
Fraco como o conheces e o miserável que vês,
Nesses olhos contemplarás o Cristo levantado,
Força nas fraquezas e o Filho em Sua altivez.
—F. W. H. Myers

Paulo sabia de seu próprio valor e não permitia que seus caluniadores o subestimassem. "E, embora seja falto no falar, não o sou no conhecimento; mas, em tudo e por todos os modos, vos temos feito conhecer isto" (2 Coríntios 11:6).

Às vezes, embora fosse desagradável para ele, sentia-se compelido a "gloriar-se" em defesa de seu cargo apostólico, mas geralmente se desculpava. "Em qualquer coisa que eles se atrevem a se orgulhar (mais uma vez falo como insensato), eu também me atrevo. [...] Portanto, se devo me orgulhar, prefiro que seja das coisas que mostram como sou fraco. E se quisesse me orgulhar, não seria insensato de fazê-lo, pois estaria dizendo a verdade. Mas não o farei, pois não quero que ninguém me dê crédito além do que pode ver em minha vida ou ouvir em minha mensagem" (2 Coríntios 11:21-30–12:6). Também falava com relutância de seus muitos sofrimentos (2 Coríntios 11:21-33). Esse delicado e saudável equilíbrio entre a inadequação da autorreprovação e exaltação serve como um modelo perfeito para o líder cristão.

Paulo era bem generoso em suas avaliações dos outros e não invejava os dons e sucesso espiritual deles. Ele sentia prazer em associar-se com companheiros da obra, mesmo os jovens, em termos de *igualdade*. "Pois nós somos colaboradores de Deus" (1 Coríntios 3:9).

Ao falar sobre Timóteo, escreveu: "Quando Timóteo chegar, não deve se sentir intimidado por vocês. Ele está realizando a obra do Senhor, assim como eu" (1 Coríntios 16:10). Ele referiu-se a Tito como seu "colaborador" (2 Coríntios 8:23). Não é de se admirar que esses jovens, a quem ele livremente delegou responsabilidade e respeito, fizessem algo mais por ele.

Humildade progressiva

A humildade não faz parte do programa dos cursos de liderança ao redor do mundo, nos quais a proeminência, a publicidade e a autopromoção se tornam muito importantes. De acordo com Jesus, não deve ser assim entre nós. "Entre vocês, porém, será diferente. Quem quiser ser o líder entre vocês, que seja servo" (Marcos 10:43). Paulo seguia de perto os passos de seu Senhor nesse requisito. "Paulo não possuía a mesma obstinação e firmeza exclusiva dos homens conscientes de sua grandeza."[5]

O apóstolo, que era altamente estimado pelos outros, vivia em humildade de grande contrição. Apesar de não se ater ao seu passado, nunca esqueceu que tinha perseguido cruelmente a Igreja de Cristo. E quando lhe disseram que não merecia viver, não argumentou sobre suas declarações. Um constante sentimento de gratidão o mantinha humilde.

---

[5] *Paul, the All-round Man* (Paulo, o homem versátil), 124.

O retrato de um líder

Não queria maior reputação do que já conseguira. "Se quisesse me orgulhar, não seria insensato de fazê-lo, pois estaria dizendo a verdade. Mas não o farei, pois não quero que ninguém me dê crédito além do que pode ver em minha vida ou ouvir em minha mensagem" (2 Coríntios 12:6).

Paulo advertiu os cristãos colossenses a serem cautelosos com autoconvicção e a submissão mística, a qual, na verdade, é a forma mais sutil de orgulho. "Não aceitem a condenação daqueles que insistem numa humildade fingida e na adoração de anjos e que alegam ter visões a respeito dessas coisas. A mente pecaminosa deles os tornou orgulhosos, e eles não estão ligados a Cristo, que é a cabeça do corpo. Unido a ele por meio de suas juntas e seus ligamentos, o corpo cresce à medida que é nutrido por Deus" (Colossenses 2:18-19).

A submissão de Paulo era uma qualidade progressiva, que se aprofundava com o passar dos anos. Segundo suas próprias palavras:

"Pois sou o mais insignificante dos apóstolos.
Aliás, nem sou digno de ser chamado apóstolo..."
(1 Coríntios 15:9).

"Ainda que eu seja o menos digno de todo o povo santo,
recebi, pela graça, o privilégio de falar aos gentios
sobre os tesouros infindáveis que estão disponíveis a eles
em Cristo" (Efésios 3:8).

"'Cristo Jesus veio ao mundo para salvar os pecadores',
e eu sou o pior de todos" (1 Timóteo 1:15).

Embora fosse genuinamente humilde e sem falsa modéstia, Paulo não se acanhava quando era o momento de defender sua função e autoridade apostólica. "No entanto, temo que sua devoção pura e completa a Cristo seja corrompida de algum modo [...]. Vocês aceitam de boa vontade o que qualquer um lhes diz, mesmo que anuncie um Jesus diferente daquele que lhes anunciamos, ou um espírito diferente daquele que vocês receberam, ou boas-novas diferentes daquelas em que vocês creram. Contudo, não me considero em nada inferior aos tais 'superapóstolos' que ensinam essas coisas" (2 Coríntios 11:3-5). Constantemente nos maravilhamos com o saudável equilíbrio que Paulo exercitava em áreas excepcionalmente delicadas.

Habilidade com a palavra escrita

Em qualquer posição de liderança, é muito desejável a habilidade de comunicar-se clara e efetivamente, seja por correspondência ou por qualquer texto literário. Se essa habilidade não está presente, os equívocos surgem rapidamente. Paulo, como em tantas outras áreas, era um mestre nesse ofício. Fossem suas cartas escritas em meio a um atarefado ministério itinerante, ou na indesejável solidão de sua cela de prisão, ele conseguia injetar, nitidamente, sua personalidade em seus escritos.

Revelamos quem realmente somos naquilo que escrevemos espontaneamente, e Paulo verdadeiramente se revela em cada página de suas cartas. Sabemos mais desse homem a partir de suas cartas do que de qualquer outra fonte histórica.

Elas são modelos para qualquer líder cristão na maneira em que apresentam clareza de pensamento e expressões bem escolhidas. Revelam uma aguda visão espiritual perspicaz unida a um excelente senso comum e cuidadoso interesse. A vasta riqueza de pensamento e a empolgação com a verdade que Paulo desejava transmitir às vezes causavam a quebra na sua linha de pensamento ou deixavam as frases incompletas. Nos primeiros dias da Igreja, Irineu defendia Paulo por ele "frequentemente usar uma ordem inversa nas frases devido à rapidez de seus raciocínios, e ao ímpeto do Espírito que está nele".

Nem todas as suas cartas eram agradáveis e fáceis de escrever. De fato, em sua segunda carta aos Coríntios, ele se refere à carta anterior que continha exortação e extrema repreensão. "Escrevi aquela carta com grande angústia, com o coração aflito e muitas lágrimas. Minha intenção não era entristecê-los, mas mostrar-lhes quanto amo vocês" (2 Coríntios 2:4).

Quando Paulo tinha uma carta difícil para escrever, era cuidadoso para banhar sua caneta em lágrimas e não em ácido. Após ter escrito sua veemente carta aos *errantes* coríntios, seu carinhoso coração pastoral o fez questionar se havia sido muito severo. Ele não conseguia se acalmar com o receio de que pudessem ter entendido mal o que lhes havia escrito. Mais tarde escreveu: "Não me arrependo de ter enviado aquela carta severa, embora a princípio tenha lamentado a dor que ela lhes causou, ainda que por algum tempo. Agora, porém, alegro-me por tê-la enviado, não pela tristeza que causou, mas porque a dor os levou ao arrependimento. Foi o tipo de tristeza que Deus espera de seu povo, portanto não lhes causamos mal algum" (2 Coríntios 7:8-9).

Ao escrever uma carta dessa natureza, o objetivo de Paulo não era vencer uma disputa, mas resolver um problema espiritual, restaurar a harmonia e a unidade e gerar maturidade crescente. Com ele aprendemos que, embora seja importante redigir nossas cartas com discurso claro para que o significado seja evidente, mais importante ainda é que exalem um espírito de cuidadoso interesse.

As cartas são, na verdade, um meio insatisfatório de comunicação. Elas não podem sorrir e não têm olhos para refletir amor quando estão dizendo algo difícil. Por isso devemos ter o máximo de cuidado para que tenham um tom caloroso. Quando um amigo muito especial escrevia cartas que poderiam ferir sentimentos, ele tinha o hábito de guardá-las por uma noite e lê-las outra vez pela manhã para ter certeza de que o tom e o espírito estavam corretos.

O encorajamento e a inspiração abundavam nas cartas de Paulo. O seu objetivo era sempre o enriquecimento espiritual dos seus leitores, mas isso não significava que evitasse correção firme e repreensão quando era necessário. Ele indagou aos crentes da Galácia: "Acaso me tornei inimigo de vocês porque lhes digo a verdade? [...] Ó meus filhos queridos, sinto como se estivesse passando outra vez pelas dores de parto por sua causa, e elas continuarão até que Cristo seja plenamente desenvolvido em vocês. Gostaria de poder estar aí com vocês para lhes falar em outro tom. Mas, distante como estou, não sei o que mais fazer para ajudá-los" (Gálatas 4:16,19-20).

As epístolas eram parte importante do programa de acompanhamento de Paulo, contribuindo grandemente para o crescimento e desenvolvimento das igrejas às quais escrevia. George Whitefield, o eloquente evangelista, imitava Paulo nessa área. Diz-se que, depois de ter pregado a multidões, ele frequentemente ficava acordado até às três da manhã escrevendo cartas de instrução e encorajamento para os novos convertidos.

Ninguém ficaria mais surpreso do que Paulo se alguém lhe contasse que suas cartas pastorais se tornariam uma das forças mais influentes na história religiosa e intelectual do mundo. Elas foram escritas como parte de um dia comum de trabalho, e não para lhe trazerem fama ou posteridade. Apesar de não serem "tratados" formais e às vezes lhes faltarem polimento literário, as epístolas de Paulo possuem uma eloquência e encanto próprios. A influência delas através dos séculos é incalculável.

Tolstoy adiciona outro pensamento:

> Que estranho e curioso poderia ter parecido aos instruídos romanos da metade do primeiro século que as cartas remetidas por um judeu errante aos seus amigos e pupilos teriam cem, mil, cem mil vezes mais leitores e mais circulação do que todos os poemas, odes, elegias e epístolas elegantes dos autores daqueles dias — mas foi isso que aconteceu.

A arte de ouvir

Um aspirante a político abordou o poeta americano Oliver Wendell Holmes e perguntou-lhe como poderia se eleger para o cargo. Ele respondeu: "Ser capaz de ouvir os outros de forma empática e compreensiva é, talvez, o mecanismo mais efetivo no mundo para se dar bem com as pessoas e manter a amizade delas para sempre. Poucas pessoas praticam a 'mágica' de serem bons ouvintes." Certa vez um missionário falou-me sobre seu supervisor. "Ele não me ouve", reclamou. "Antes de eu ter a chance de realmente expor o problema, claramente ele está dando a resposta." Esta é a falha do falante compulsivo: ele tem medo de que haja um momento de silêncio. Mas a arte de ouvir um companheiro deve ser dominada se o líder quiser chegar à raiz dos problemas a serem resolvidos. De outra maneira, ele estará tratando somente com o sintoma enquanto a terrível doença permanece sem tratamento.

Quando estava angariando votos no tempo em que Cingapura se dirigia à independência, Lee Kuan Yew, na época o Primeiro-Ministro da República, passava todo sábado à tarde e noite em um dos 51 distritos eleitorais. Ele convidava qualquer cidadão com problemas para se encontrar com ele e lhe expor seus reveses. Ouvia pacientemente as aflições de seu povo e, onde possível, se esforçava para obter alguma ajuda. E o resultado? Era reeleito em cada um dos distritos. Acreditava e praticava a terapia do ouvir e consequentemente colhia o resultado. Um ouvido simpático é um bem inestimável.

Ouvir é uma tentativa genuína para entender o que a outra pessoa deseja desabafar, sem prejulgar a questão. Geralmente resolve-se metade do problema quando ele é trazido à tona e compartilhado com um bom ouvinte.

A sensibilidade às necessidades dos outros é mais bem evidenciada quando ouvimos do que quando falamos.

O retrato de um líder

Muitas vezes os líderes transmitem a impressão, de forma involuntária e inconsciente, que estão ocupados demais para ouvir. Em tais casos tanto o líder como a pessoa perdem. Feliz é o líder que, em meio às tarefas urgentes, dá a impressão que tem tempo suficiente para atentar ao problema. Ele é o mais indicado para oferecer uma solução. O tempo que é empregado para ouvir não é tempo perdido.

D. E. Hoste escreveu sobre Napoleão: "Ele era um bom ouvinte e possuía um elevado dom de aplicar o conhecimento especial de outros a um conjunto de circunstâncias. A história não mostra que todo verdadeiro grande homem é mais ou menos feito nesses moldes?".[6]

Lendo entre as linhas, não é difícil perceber que Paulo era um homem que sabia o valor do ouvir. Quando as pessoas na igreja de Corinto se debatiam com uma confusão de problemas para os quais não tinham solução, sabiam que em Paulo encontrariam um coração compreensivo e ouvidos prontos para ouvir. Sua primeira carta foi sua resposta a elas.

Um homem generoso e indulgente

Raramente pode-se ilustrar o milagre transformador da conversão de forma mais surpreendente do que no caso de Paulo. O homem que ia apressadamente pela estrada de Damasco em sua terrível missão era um fanático intolerante. Porém, o homem cego que retornou a Damasco possuía finalmente o perfil de um santo, generoso e indulgente. O

---

[6] Thompson, Phyllis, *D. E. Hoste*, Londres: Lutherworth, 157.

fariseu intolerante percorreria qualquer distância para destruir a Igreja. Agora, o cristão tolerante percorreria qualquer distância para defendê-la e expandi-la.

Onde ocorreu a mudança? Paulo não somente viu o Cristo vivo, mas Ele agora habitava em seu coração, expandindo-o imensuravelmente e aumentando seus horizontes. O Espírito de Deus derramara o Seu amor ilimitado no coração do apóstolo (Romanos 5:5); o antes fanático agora é tolerante.

Quando alguns implacáveis oponentes estavam pregando Cristo "por inveja e rivalidade [...] com o objetivo de aumentar [o seu] sofrimento" (Filipenses 1:15,17), seria muito fácil para o Paulo dos velhos tempos fazer duras acusações contra eles. Mas o novo Paulo disse: "Mas nada disso importa. Sejam as motivações deles falsas, sejam verdadeiras, a mensagem a respeito de Cristo está sendo anunciada, e isso me alegra. E continuarei a me alegrar" (Filipenses 1:18).

Apesar de sua grande flexibilidade, deve ser enfatizado que Paulo não era tão tolerante a ponto de comprometer as verdades da fé, nem tão generoso ao ponto de ser superficial.

A necessidade de paciência

Será que João Crisóstomo equivocou-se em seu julgamento quando disse que a paciência era a rainha das virtudes? Nosso modo de usar o termo é muito negativo e passivo para transmitir o rico significado do vocábulo que Paulo usou abundantemente.

William Barclay aplica na palavra *paciência* um sentido muito completo e de valor atrativo. Ele tece comentários sobre o uso da palavra nesta passagem: "[...] acrescentai à vossa fé a virtude; e à virtude a ciência. E à ciência temperança, e à temperança paciência" (2 Pedro 1:5-6 ARC).

Esse termo nunca quis expressar o espírito que senta com braços cruzados e simplesmente suporta as coisas. É a perseverança vitoriosa, a persistência varonil sob a provação. É a firmeza cristã, a aceitação corajosa de tudo que a vida pode fazer por nós, e o poder de transformar as piores situações em um passo adiante rumo ao crescimento. É a habilidade destemida e triunfante de suportar as coisas, as quais habilitam um homem a chegar ao limite e não ser derrotado, e de sempre acolher o invisível com satisfação.[7]

O professor Barclay poderia retratar Paulo através das palavras do apóstolo, pois consegue ilustrar integralmente a qualidade que o apóstolo está recomendando.

Essa qualidade ou virtude da paciência é essencial, especialmente nas relações com as pessoas. É justamente aqui que a maioria de nós falha. Paulo falhou em sua divergência com Barnabé (Atos 15:34-40) e quando falou desrespeitosamente com o sumo sacerdote (Atos 23:1-5). Mas essas foram raras exceções e não a regra.

---

[7] Barclay, William, *Letters of Peter and Jude* (Epístolas de Pedro e Judas), Edinburgo: St. Andrews Press, 258.

O homem que é impaciente com as fraquezas e falhas dos outros será incompleto na liderança. "Nós que somos fortes devemos ter consideração pelos fracos" (Romanos 15:1). O bom líder sabe como adaptar seu ritmo ao ritmo mais lento de seu irmão. A paciência é essencial, principalmente quando procuramos liderar pela persuasão em vez de pelo comando. Não é sempre fácil fazer o outro ver seu ponto de vista e agir de acordo, mas há grande valor em cultivar a arte da persuasão que permite ao indivíduo tomar sua própria decisão.

Nossa vida é como o mostrador do relógio.
Os ponteiros são as mãos de Deus que giram sem parar.
O menor é a mão da Disciplina;
O maior, a mão da eterna Misericórdia a dispensar.

Vagarosa e seguramente a disciplina deve agir,
E Deus, a cada batida, fala Sua Palavra de Graça,
Mas sempre movendo-se na mão da misericórdia,
Com sessenta vezes mais bênçãos a luta passa.

Cada momento registra uma bênção de nosso Deus,
Cada hora, uma lição na escola do amor,
Os ponteiros firmes no seguro eixo
Do grande e imutável coração do Senhor.
—S. M. Zwemer

A *força motriz* da autodisciplina

Um líder é capaz de liderar outros somente porque se autodisciplina. A pessoa que não sabe como sujeitar-se à disciplina imposta pelas circunstâncias, que não sabe obedecer, não será um bom líder — como também aquele que não aprendeu a impor disciplina em sua própria vida. Aqueles que desprezam as autoridades constituídas legalmente ou segundo as Escrituras, ou se rebelam contra elas, raramente se qualificam para altas posições de liderança.

As alturas que grandes homens alcançaram e mantiveram
Não foram atingidas por um voo repentino,
Mas eles, enquanto outros dormitavam,
Labutavam antes dos raios matutinos.

Paulo impunha a si próprio uma rigorosa disciplina interior em duas áreas:

Ele travava uma guerra com seu corpo. "Por isso não corro sem objetivo nem luto como quem dá golpes no ar. Disciplino meu corpo como um atleta, treinando-o para fazer o que deve, de modo que, depois de ter pregado a outros, eu mesmo não seja desqualificado" (1 Coríntios 9:26-27).

Aqui Paulo estava expressando um temor genuíno, uma possibilidade real. Ele ainda não havia completado a carreira. Mesmo sua vasta experiência e grandes sucessos não o imunizaram contra as sutis tentações do corpo. Para que seu ministério não fosse destruído, estava disposto a trazer seus apetites carnais sob uma autodisciplina tão rígida quanto a de atletas espartanos na arena.

Bem, se eu pecar, que seja sem meu assentimento.
Se eu morrer, que seja com o desejo de ser são:
Que jamais, ó Cristo, haja meu afrouxamento,
Buscando a trégua entre minha carne e coração.
—F. W. H. Myers

O líder cristão está sujeito ao perigo da derrota pelo excesso dos apetites físicos ou pela preguiça. Tal perigo crítico exige uma rigorosa autodisciplina. Do outro lado da balança há o excesso de atividade física que pode levar à fadiga e à exaustão. O líder deve estar preparado para se esforçar mais do que seus companheiros. Mas um homem exausto se torna presa fácil do adversário. Devemos estar alertas para nos proteger desses dois perigos.

Ele travava uma guerra com seus pensamentos. "Usamos as armas poderosas de Deus, e não as armas do mundo, para derrubar as fortalezas do raciocínio humano e acabar com os falsos argumentos. Destruímos todas as opiniões arrogantes que impedem as pessoas de conhecer a Deus. Levamos cativo todo pensamento rebelde e o ensinamos a obedecer a Cristo" (2 Coríntios 10:4-5). Paulo sabia que o pecado se origina nos pensamentos, então fazia um esforço constante para prevenir que eles vagassem e os colocava sob o controle de Cristo.

É necessário mais do que força de vontade para levar e manter tanto o corpo como a mente sob o controle divino.

Mas Deus fez provisões para essa capacidade adicional. "Mas o Espírito produz este fruto: [...] domínio próprio" (Gálatas 5:22-23). O segredo de Paulo é que ele era "cheio do Espírito", e dessa forma o fruto espiritual desejado era produzido abundantemente em sua vida.

Sinceridade e integridade

Em suas cartas, Paulo revela-se tão abertamente, que poucos estariam dispostos a imitá-lo e, assim fazendo, deixou a impressão de ser um homem completamente sincero. Durante a Segunda Guerra Mundial, o jovem Billy Graham foi convidado pelo Primeiro-Ministro Winston Churchill para uma reunião no Parlamento de Londres. Quando o jovem pregador foi conduzido a uma sala imensa, para seu espanto viu-se na presença de todo o Gabinete Britânico. Churchill logo o deixou à vontade, e Graham teve a oportunidade de compartilhar sua fé. Depois de deixar a sala, Churchill comentou com seus colegas: "Ali vai um homem sincero". Sinceridade é uma qualidade inconsciente que se autorrevela.

Mesmo antes da conversão de Paulo, essa qualidade da sinceridade era manifesta nele. "Dou graças por você ao Deus que sirvo com a consciência limpa, como o serviram meus antepassados" (2 Timóteo 1:3). Por toda sua vida, ele tinha consciência de sua integridade e trabalhava diligentemente para mantê-la. "Por isso, procuro sempre manter a consciência limpa diante de Deus e dos homens" (Atos 24:16). Ele era tão sincero no estabelecimento da Igreja como tinha sido ao tentar destrui-la. Embora estivesse desesperadamente equivocado nos seus dias de perseguidor, não comprometeu sua consciência, mesmo que esta estivesse mal-orientada.

Paulo não retrocedeu diante do exame de Deus e assim pôde dizer: "Minha consciência está limpa, mas isso não prova que estou certo. O Senhor é quem me avaliará e decidirá" (1 Coríntios 4:4). O apóstolo suplica a Deus para provar sua sinceridade. "Não somos como muitos que fazem da palavra de Deus um artigo de comércio. Pregamos a palavra de Deus com sinceridade e com a autoridade de Cristo, sabendo que Deus nos observa" (2 Coríntios 2:17).

Sabedoria espiritual

Quando se selecionavam líderes para posições que implicavam algum tipo de subordinação, um dos pré-requisitos era a *sabedoria*: elemento fundamental para boa liderança. "Sendo assim, irmãos, escolham sete homens respeitados, cheios do Espírito e de sabedoria, e nós os encarregaremos desse serviço" (Atos 6:3).

A verdadeira sabedoria é mais do que conhecimento, o qual é a acumulação básica de fatos. É mais do que perspicácia intelectual; é discernimento celestial. A sabedoria espiritual envolve o conhecimento de Deus e as complexidades do coração humano. Ela envolve a aplicação correta de conhecimento em questões morais e espirituais como também em situações que causam perplexidade e relacionamentos humanos complexos. A sabedoria é uma qualidade que refreia o líder, impedindo-o de atitudes extravagantes ou precipitadas, concedendo-lhe o equilíbrio necessário.

O conhecimento e a sabedoria, longe de serem um,
Por vezes, não têm ligação. O conhecimento habita
Em mentes repletas de reflexões de outros homens:
A sabedoria, em mentes atentas aos seus.
O conhecimento orgulha-se do quanto aprendeu,
A sabedoria é humilde, ciente de que pouco sabe.

O destaque que Paulo deu à sabedoria espiritual é percebido pela forma que constantemente a comparou com a sabedoria vaidosa do mundo. "Que ninguém se engane. Se algum de vocês pensa que é sábio conforme os padrões desta era, deve tornar-se louco a fim de ser verdadeiramente sábio. Pois a sabedoria deste mundo é loucura para Deus" (1 Coríntios 3:18-19).

Paulo orava constantemente pedindo sabedoria para os convertidos e as igrejas. "Por isso, desde que ouvimos falar a seu respeito, não deixamos de orar por vocês. Pedimos a Deus que lhes conceda pleno conhecimento de sua vontade e também sabedoria e entendimento espiritual" (Colossenses 1:9).

A sabedoria caracterizava o método intencional da pregação de Paulo. "Portanto, proclamamos a Cristo, advertindo a todos e ensinando a cada um com toda a sabedoria, para apresentá-los maduros em Cristo" (Colossenses 1:28). A sabedoria inevitavelmente caracteriza o ministério do líder cheio do Espírito. "Que a mensagem a respeito de Cristo, em toda a sua riqueza, preencha a vida de vocês.

Ensinem e aconselhem uns aos outros com toda a sabedoria" (Colossenses 3:16). Devemos a Paulo a revelação de que Cristo Jesus "se tornou a sabedoria de Deus em nosso favor" (1 Coríntios 1:30).

Zelo e intensidade

Como seu Mestre, Paulo era sincero e zeloso em todo seu trabalho para Deus. Os familiares de nosso Senhor, ao observar Seu zelo intenso, "tentaram impedi-lo de continuar. 'Está fora de si', diziam" (Marcos 3:21).

O rei Festo disse o mesmo de Paulo — "De repente, Festo gritou: 'Paulo, você está louco! O excesso de estudo o fez perder o juízo!'" (Atos 26:24). A mente mundana compara o zelo por Deus com insanidade, mas na visão de Deus é a forma mais elevada de sabedoria.

> *Ao coração do Teu último apóstolo*
> *Teu impactante brilho concedeste,*
> *O fogo incessante do zelo.*
>
> —John Keble

Quando falava ao povo no Templo sobre seus dias pecaminosos, Paulo reivindicou: "Fui criado aqui em Jerusalém e educado por Gamaliel. [...] Tornei-me muito zeloso de honrar a Deus em tudo que fazia, como vocês são hoje" (Atos 22:3). Mas seu antigo zelo o levou a excessos terríveis que se tornariam seu maior desgosto.

A antiga intensidade de Paulo persistiu na sua vida cristã, mas o Espírito a direcionou para áreas novas, amplas e produtivas. A palavra *zelo* se refere a algo interior que "ferve"; o entusiasmo que irresistivelmente *borbulha* no coração.

Quando os discípulos viram o seu Mestre no Templo, flamejante com zelo santo e ardendo com ira santa, ficaram perplexos pela demonstração de tal diligência, até que "se lembraram desta profecia das Escrituras: 'O zelo pela casa de Deus me consumirá'" (João 2:17; Salmo 69:9). Paulo procurou imitar seu Senhor nessa qualidade.

Um exame de suas cartas e discursos revela que o modelo demonstrado para seus novos convertidos era *uma mente flamejante com a verdade de Deus, um coração inflamado com o Seu amor e uma vontade incendiada por uma paixão pela glória de Deus.*

Foi justamente a falta dessas qualidades que incitaram as duras palavras de nosso Senhor à igreja de Laodiceia (Apocalipse 3:14-22). Tal acusação não poderia ser feita a Paulo. Ele é o líder zeloso, entusiástico, que mais profunda e permanentemente impressiona seus seguidores.

Paulo casualmente revela o segredo de seu inalterável zelo em Romanos 12:11, o qual o Arcebispo H. C. Lees interpreta como "Não ser indolente no trabalho; manter-se fervoroso pelo Espírito Santo, escravo ao serviço do Mestre". O Espírito Santo é a chama que mantém nossa intensidade e zelo. Em todos nós há uma tendência sutil de "esfriarmos", então precisamos constantemente deste aquecimento do Espírito Santo, que acende o combustível necessário para o fogo.

Quando Cristão, personagem da clássica obra de John Bunyan *O peregrino* (Publicações Pão Diário, 2020), entrou na casa de Intérprete, ficou perplexo ao observar que em uma das salas "o fogo ardia contra a parede e alguém jogava água continuamente tentando apagá-lo, mas o fogo aumentava em altura e calor". O mistério foi esclarecido, quando Cristão foi conduzido ao outro lado da parede, onde viu um homem derramando óleo nas chamas. Neste mundo onde tantas pessoas estão prontas para derramar água fria na obra da graça, derramar óleo no fogo do *zelo* torna-se um ministério raro e misericordioso, "mantido fervorosamente pelo Espírito Santo".

Vi uma vida humana ardendo por Deus.
Senti um poder divino
Como se, por um vaso frágil,
Eu visse a glória de Deus brilhar.
Acordei então do sonho
E clamei bem alto:
Meu Pai, dá-me
A bênção de uma vida que se consuma,
Que eu possa viver por ti.

4

Uma visão enaltecida de Deus

O que vem à nossa mente quando pensamos em Deus é o que há de mais importante sobre nós.

—A. W. Tozer

A concepção que o apóstolo Paulo tinha sobre Deus moldou significativamente sua teologia e motivou seu trabalho. Foi fundamental para a natureza de sua liderança. J. B. Phillips demonstrou em seu livro *Seu Deus é pequeno demais* (Ed. Mundo Cristão, 2007) que uma visão inadequada de Deus limitará e afetará desfavoravelmente tudo que tentarmos fazer.

A fé desse apóstolo baseou-se na doutrina da Trindade. O Credo Apostólico seria um resumo dos princípios da sua fé, que era essencialmente trinitária. "Eu creio em Deus o Pai Todo-Poderoso [...] e em Jesus Cristo, Seu único Filho, nosso Senhor [...] Eu creio no Espírito Santo". Ele entendeu "Deus na majestade sublime de Seu Ser como um Deus em três Pessoas. Na unidade de Seu Ser há uma distinção de 'Pessoas' às quais chamamos o Pai, o Filho e o Espírito Santo."[1]

Para Paulo, Deus era a grande Realidade, e ele não sentia necessidade alguma em discutir Sua existência. Seu Deus era soberano em poder, mas compassivo para com a fragilidade humana e solícito com o bem-estar do homem. A vida sem Deus era inconcebível.

As ideias de Paulo sobre Deus foram moldadas pelos registros de Suas ações com Seu povo no Antigo Testamento. Dessa forma, ele não teve problemas para crer no sobrenatural, pois as crônicas hebraicas dos milagres eram surpreendentes.

Ao estudarmos os métodos pelos quais Paulo procurou fortalecer seus jovens aprendizes, Timóteo e Tito, em razão do trabalho exigente que faziam, podemos depreender a concepção de Paulo sobre Deus. Esse tipo de nutrição espiritual é uma lição valiosa sobre liderança para todos nós. *Paulo visava mostrar aos seus aprendizes espirituais um Deus ainda maior,* impressionando-os com a grandeza e majestade daquele que tinham o privilégio de servir.

---

[1] Colquhoun, Frank, *Total Christianity* (Cristianismo total), Chicago: Moody, 1962, 60.

Uma visão enaltecida de Deus

Os diversos atributos que Paulo empregava a Deus em suas cartas pastorais serviam de forma ímpar para revelar novos aspectos da Sua grandeza e da Sua glória. Vamos examinar alguns desses atributos que moldam a teologia de Paulo e que direcionaram suas ações.

O apóstolo proclama as gloriosas boas-novas de Jesus Cristo "confiadas a [ele] por nosso Deus bendito" (1 Timóteo 1:11). Rotherham alegremente traduz como "o evangelho da glória do *Deus bendito*". Esse título bem-aventurado descreve Deus não como aquele que é o objeto de bênção, mas aquele que se regozija em completa alegria. Ele subsiste na atmosfera majestosa de Sua própria eterna felicidade (Hebreus 1:9). Jesus possui uma alegria excedente que foi legada aos Seus discípulos, um tesouro que pode suprir nossa vida com bênçãos sem igual.

O título "bendito" é aplicado a Deus por duas razões:

1. Ele é totalmente *autossuficiente*. Constantemente nos esforçamos para nos tornar o que não somos, para suprir o que nos falta. Deus não necessita de nada e de ninguém para complementá-lo.

2. Ele é *perfeição absoluta*. A soma total de todas as virtudes reside nele. Ele é o Deus de toda bem-aventurança, em quem não há falta ou excesso. Assim, Paulo estimula Timóteo a crer que o evangelho que deve pregar provém de um ambiente de alegria: o coração alegre de Deus, que é superabundante por toda a eternidade.

O Rei eterno, imortal, invisível, Deus único

Imediatamente após Paulo avaliar a maravilhosa graça de Deus ao "pior" dos pecadores — ele próprio — espontaneamente irrompeu em louvor que desvenda a natureza e atributos de Deus, dando-nos vislumbres singulares de Sua glória. "Honra e glória a Deus para todo o sempre! Ele é o Rei eterno, invisível e imortal; ele é o único Deus. Amém" (1 Timóteo 1:17). Olhemos mais de perto, uma a uma, essas palavras usadas por Paulo para descrever seu Deus amado.

"O Rei eterno" — O homem é uma criatura cronológica, limitado por relógios e calendários, mas Deus é o Rei de todos os mundos e eras. Seu poder e soberania são demonstrados em cada época. Ele é o Soberano absoluto do tempo.

Deus usa aqueles que tentam destruir Sua Igreja para construí-la. Ele reverte o mal para o bem. Ele se move com infinita facilidade através dos séculos rumo ao cumprimento de Seu propósito eterno. Paulo descreveu a providência de Deus na vida de toda humanidade quando disse: "De um só homem ele criou todas as nações da terra, tendo decidido de antemão onde se estabeleceriam e por quanto tempo" (Atos 17:26). Deus direciona os eventos de cada época da história mundial ao Seu fim designado. Ele extrai de eventos aparentemente contraditórios um lindo e harmonioso modelo que reflete Sua própria perfeição.

"Invisível" — Nenhuma visão imediata e completa de Deus é possível ao homem, pois Ele escolheu permanecer invisível, exceto em Cristo, que disse: "Quem me vê, vê o Pai!" (João 14:9) — e mesmo assim vemos a Deus somente pela fé. Em Cristo podemos agora ver aquele que é essencialmente invisível (João 1:18). O finito nunca poderá compreender totalmente o infinito. Mesmo Moisés viu o esplendor de Deus apenas quando Ele passou (Êxodo 33:22-23).

"Imortal" — Somente Deus é inteiramente incorruptível, imperecível e não sujeito ao processo envelhecedor do tempo e mudança, da decadência e morte. A imortalidade é uma parte da própria essência de Deus, enquanto para nós é somente um dom provido por Ele. Deus jamais muda (Malaquias 3:6).

"Único Deus" — Nosso Deus é realmente o único Deus, não somente numericamente, mas singularmente. Não há outro igual a Ele. "'A quem vocês me compararão? Quem é igual a mim?', pergunta o Santo" (Isaías 40:25). Ele é solitário, no entanto não está afastado ou isolado, como estavam os deuses gregos.

Rei dos reis e Senhor dos senhores

O Deus vivo (1 Timóteo 3:15). Era essa a qualidade que distinguia o Deus de Israel dos deuses pagãos. A Igreja que Paulo se empenhava em servir não era um templo de ídolos mortos, mas o templo do Deus vivo, ativo e beneficente. "Pode alguém ouvir a voz do Deus vivo falando do meio do fogo, como nós ouvimos, e sobreviver?" (Deuteronômio 5:26).

Observe a riqueza da descrição de Paulo sobre o poder e divindade de Deus: "No devido tempo ele será revelado do céu pelo bendito e único Deus todo-poderoso, o Rei dos reis e Senhor dos senhores. Somente a ele pertence a imortalidade, e ele habita em luz tão resplandecente que nenhum ser humano pode se aproximar dele. Ninguém jamais o viu, nem pode ver" (1 Timóteo 6:15-16).

Com que facilidade Paulo rompia em louvor! Essa é uma das mais belas exaltações nas Escrituras, cada um dos sete títulos enfatizando a grandeza e transcendência incomparável de Deus. Vamos fazer uma análise de alguns desses tesouros encontrados.

"Bendito e único Deus todo-poderoso" é uma frase que enfatiza a relação de Deus com o Universo e com os que governam o mundo. Ele é o Controlador de todas as coisas. A extensão de Sua autoridade é universal — Ele é o bendito e *único* Soberano, que tem o direito de fazer exatamente o que lhe agrada. Sua soberania é inerente, não delegada. Os homens podem reivindicar ou serem designados com títulos honrosos, mas somente Deus é Rei sobre todos os reis e Senhor sobre todos os senhores. Qualquer outra soberania está sob Seu controle supremo.

"Ele habita em luz tão resplandecente que nenhum ser humano pode se aproximar" é a forma de Paulo enfatizar a inacessibilidade de Deus, exceto quando decide ser acessível. Deus está basicamente além da dimensão dos sentidos humanos. Sua majestade e santidade são de tal forma que nenhum homem pôde vê-lo em Sua glória revelada e ainda viver. Ele reside em uma atmosfera tão extraordinariamente rara que os mortais não podem aproximar-se dele. Mas, apesar de não conseguirmos chegar muito perto do Sol, podemos alegremente andar sob seus raios solares. Não é que Deus seja totalmente inatingível, pois há sim uma forma de aproximar-se dele, mas esse caminho é manchado por sangue.

Há um caminho para o homem subir
Ao sublime e eterno lar:
Uma oferta e um sacrifício,
O poder do Espírito Santo,
Um Advogado com Deus.
—T. Binney

Deus, nosso Salvador

A palavra "Salvador" contém imagens abundantes. Para Paulo esse atributo se apresenta de modo muito peculiar nas epístolas pastorais, mas a ideia permeia toda a Bíblia. Paulo declarou: "Quanto aos escravos, devem sempre obedecer a seu senhor [...] devem mostrar-se bons e inteiramente dignos de confiança. Assim, tornarão atraente em todos os sentidos o ensino a respeito de Deus, nosso Salvador" (Tito 2:9-10).

A palavra grega *soter* geralmente significa libertador. Era aplicada a um imperador ou conquistador que libertava as pessoas de alguma calamidade ou conferia grandes benefícios. Deus realmente é nosso Salvador do pecado, morte e inferno. Ele é o "Salvador de todos, especialmente dos que creem" (1 Timóteo 4:10). Aqui a declaração de Paulo nos assegura sobre a *possibilidade de salvação* de todos os homens, mas não a *salvação* de todos os homens. A salvação completa requer o exercício de fé pessoal. Deus é, em um sentido, o Salvador *potencial* porque Ele já proveu a salvação a todos, mas Ele é o Salvador *verdadeiro* somente daqueles que creem.

Temos o Deus, "que provê ricamente tudo de que necessitamos para nossa satisfação" (1 Timóteo 6:17). Os estudiosos do grego indicam que nesse versículo há um jogo de palavras que assim poderia ser interpretado: "Os *ricos* não devem confiar em *riquezas* incertas, mas em Deus que tudo proporciona *ricamente* para nosso contentamento — para alma e corpo, para agora e para a eternidade". Nosso Deus é tão benevolente e superabundante, que não nos concede somente um mínimo de prazer e gratificação, mas nos dá em abundância — "tudo" que é necessário para a alma e para o corpo, agora e eternamente.

Ao contrário dos ensinamentos dos gnósticos daqueles dias, aos quais Paulo se referiu em 1 Timóteo 4:3, que "proíbem que se comam certos alimentos, que Deus criou para serem recebidos com ação de graças" — não temos que apenas *participar* dessas coisas, mas *desfrutá-las*, com gratidão ao Doador. Somente o pecado pode impedir nosso prazer gerado pela provisão generosa de Deus. O Deus de Paulo, Timóteo e Tito não é somente feliz, soberano, imortal, invisível e transcendente, mas também um Deus generoso, que concede boas coisas em abundância.

Na verdade Paulo está dizendo aos jovens líderes de todas as partes: "Esse é o tipo de Deus em que vocês podem confiar totalmente. Vocês podem contar com Ele e até depender dele em seu trabalho. Nosso Deus é adequado para toda emergência e suficiente para toda necessidade que se levantará no ministério que está à sua frente".

Deus, o Filho

A fé que Paulo tinha manifestava como centro a pessoa e obra de Jesus Cristo. Para ele, cristianismo era Cristo. Quando Paulo disse "para mim, o viver é Cristo" (Filipenses 1:21), não estava empregando uma licença poética, mas simplesmente exprimindo um fato literal e consciente. Quando se converteu e consequentemente se rendeu ao seu Senhor, o centro de sua vida mudou completamente. Antes sua vida tinha sido Paulo, mas agora era Cristo. As palavras de Martinho Lutero em seu livro *Conversas à Mesa* (Ed. Monergismo, 2017), poderiam muito bem ter sido de Paulo: "Se porventura alguém bater na porta de meu coração e perguntar 'Quem vive aqui?', eu responderei: 'Não é o Martinho Lutero, mas o Senhor Jesus Cristo.'"

A versão de Paulo era: "assim, já não sou eu quem vive, mas Cristo vive em mim. Portanto, vivo neste corpo terreno pela fé no Filho de Deus, que me amou e se entregou por mim" (Gálatas 2:20). Toda sua personalidade e todas as suas atividades estavam sob o domínio de Cristo, permeados pela Sua presença. Todo o ministério e serviço sacrificial que sucedeu encontraram sua fonte nesse fato glorioso. A vida de Paulo era uma gratidão contínua a Cristo de forma que supria todas as suas necessidades diárias.

Em sua carta a Timóteo, Paulo o exortou: "Lembre-se de que Jesus Cristo, descendente do rei Davi, ressuscitou dos mortos. Essas são as boas-novas que eu anuncio" (2 Timóteo 2:8). Ele não estava simplesmente dizendo a Timóteo para focalizar sua atenção no fato e na doutrina da ressurreição. Em vez disso, Paulo estava instruindo seu aprendiz a nunca esquecer a Pessoa que ressurgiu dos mortos, pois Ele é, na verdade, o centro de tudo. Cristianismo é Cristo! Desde o primeiro momento dessa revelação na mente de Paulo, tudo em sua vida girou em torno de Cristo como centro. O Mestre estava sempre em seus lábios e em seu coração.

A pregação de Paulo era *Cristocêntrica*. Aos coríntios ele declara: "Pois decidi que, enquanto estivesse com vocês, me esqueceria de tudo exceto de Jesus Cristo, aquele que foi crucificado" (1 Coríntios 2:2). Em relação ao seu ministério inicial em Corinto, o registro diz: "Paulo se dedicou totalmente à pregação da palavra e testemunhava aos judeus que Jesus era o Cristo" (Atos 18:5). Em Tessalônica, "Como era seu costume, Paulo foi à sinagoga e, durante três sábados seguidos, discutiu as Escrituras com o povo. Explicou as profecias e provou que era necessário o Cristo sofrer e ressuscitar dos mortos. 'Esse Jesus de que lhes falo é o Cristo', disse ele" (Atos 17:2-3).

Essas e outras passagens semelhantes demonstram como Paulo conferia a Cristo o lugar central tanto em sua vida como em seu ministério.

O senhorio de Cristo era a ênfase constante do apóstolo. Ao usar esse termo em seus escritos, o título "Senhor" uniformemente se referia a Cristo. Em sua entrega inicial, Paulo aceitou sem reservas o senhorio de Cristo e Seu domínio absoluto sobre sua vida. Esse compromisso absoluto estava implícito em sua pergunta "Que devo fazer, *Senhor?*". Com rápido discernimento espiritual, ele percebeu que o propósito da morte e ressurreição de Cristo ia muito além da simples salvação do crente do julgamento, porém, ademais, visava a autenticação de Seu senhorio.

Paulo mais tarde expressou a importância do senhorio de Cristo nestas palavras: "Por isso Cristo morreu e ressuscitou, *para ser Senhor* tanto dos vivos como dos mortos" (Romanos 14:9). O apóstolo se alegrava constantemente ao exigir o reconhecimento dos "direitos reais do Redentor".

Há uma construção específica que aparece com certa frequência em muitos contextos dos escritos de Paulo, uma construção que é rica em significado: "em Cristo". A ideia por trás dela parece ser justamente esta: como o mar é o ambiente ou elemento no qual os peixes vivem, assim os cristãos vivem no ambiente ou elemento de Cristo, unidos a Ele por um elo invisível, porém inseparável. Toda bênção espiritual é nossa porque estamos *em Cristo* — em uma viva e vital união com Ele (Efésios 1:3). Um estudo dessa expressão, todas as vezes em que foi usada, revela uma rica fonte de verdade.

Paulo escreveu a grande passagem cristológica do Novo Testamento — Filipenses 2:5-11. Nessa poética confissão de fé, ele primeiramente afirma *a humilhação do Filho de Deus*, chamando atenção à pré-existência, à encarnação e à crucificação do Filho. Depois Paulo revela *a exaltação do Filho do Homem*, que deve ser consequentemente honrado e adorado por toda criação. Em vista dessas verdades gloriosas, o apóstolo exorta: "Tenham a mesma atitude demonstrada por Cristo Jesus" (2:5).

Deus, o Espírito Santo

Pouco antes de Sua morte, em Seu discurso no cenáculo, nosso Senhor tinha mais a dizer a Seus seguidores sobre o caráter e ministério do Espírito Santo do que em todos os Seus ensinamentos anteriores. Mas, quando falou sobre esse tema especificamente, Cristo fez esta misteriosa declaração: "Há tanta coisa que ainda quero lhes dizer, mas vocês não podem suportar agora. Quando vier o Espírito da verdade, ele os conduzirá a toda a verdade" (João 16:12-13). Foi principalmente através de Paulo que essa revelação adicional foi transmitida. Portanto, não é surpreendente encontrar em suas cartas várias referências ao Espírito Santo, pois Paulo certamente era o mais notável teólogo da Igreja Primitiva.

Na própria experiência de Paulo, o Espírito desenvolvia uma parte muito importante. Imediatamente após sua conversão, Paulo estava cheio do Espírito Santo (Atos 9:17); portanto não é de se surpreender ao encontrá-lo exortando os cristãos efésios — e nós também — para nos enchermos do Espírito (Efésios 5:18). Sua chamada para a obra e comissão foi através do Espírito (Atos 13:1-4). Paulo era guiado tanto pela restrição como pela impulsão do Espírito (Atos 16:6-7). Ele dependia do poder do Espírito para pregação (1 Coríntios 2:4) e de Suas advertências quando estava frente a perigos iminentes (Atos 21:4,11-14).

Paulo constantemente enfatizava a obra do Espírito em sua pregação e ensino. Como Administrador da Igreja, o Espírito tomava a iniciativa na seleção dos bispos (Atos 20:28) e possuía a voz de ordem no primeiro concílio (Atos 15:28). Quando Paulo se encontrou com um pequeno grupo de homens em Éfeso, sua primeira pergunta investigativa foi: "Vocês receberam o Espírito Santo quando creram?" (Atos 19:2), e então ele os conduziu a essa experiência específica.

Os diversos nomes que Paulo usou para Deus Espírito manifestam as várias facetas do Seu ministério: sabedoria (Efésios 1:17), poder (Romanos 1:4), adoção (Romanos 8:15), "Espírito que dá vida" (Romanos 8:2). Paulo ensinou que tanto a justificação como a santificação são resultados da obra do Espírito (1 Coríntios 6:11). O Espírito inspira a adoração (Filipenses 3:3), habita em nós (1 Coríntios 3:16), fortalece-nos (Romanos 14:17), auxilia-nos em oração (Romanos 8:26-27) e dispensa alegria (1 Tessalonicenses 1:6). O Espírito Santo é aquele que promove e mantém a unidade da Igreja (Efésios 4:3-4).

Foi o ministério do Espírito Santo que deu a Paulo vitória sobre a *carne* — a natureza decaída que herdamos de Adão. É somente "pelo poder do Espírito" que podemos fazer "morrer as obras do corpo" (Romanos 8:13). É um deleite para Ele produzir abundantemente o *fruto do Espírito* na vida do crente que assim o permite (Gálatas 5:22-23).

Paulo ensinou que o Espírito Santo distribui vários *dons espirituais* que são essenciais à liderança, expansão e crescimento da Igreja. Esses dons são qualidades especiais para serem desejadas somente quando servirem para fins práticos — a edificação da Igreja. Para ser efetivo, todo tipo de ministério tem que ser inspirado e selado pelo Espírito Santo, e esses dons são a provisão graciosa de Deus para esse fim. Visto que lutamos contra um inimigo sobrenatural, somente armas sobrenaturais serão satisfatórias.

Duas palavras gregas são usadas para descrever esses dons — *pneumatikos*, coisas do Espírito, e *charisma*, dons da graça (1 Coríntios 12:1,4). Juntos, eles indicam que esses poderes e dons extraordinários são entregues soberanamente como presentes a indivíduos para o trabalho na Igreja. Eles são distintos dos dons naturais, apesar de operarem frequentemente através deles. Há um dom para cada crente (1 Coríntios 12:7), não somente para uma elite espiritual. Esses dons individuais não podem ser reivindicados como nosso direito espiritual (1 Coríntios 12:11). Para serem produtivos, devem ser exercitados em amor (1 Coríntios 13:1-2). São concedidos como dádivas para nos equipar para o serviço no Corpo de Cristo (Efésios 4:11-12).

Nenhum dom espiritual deve ser desprezado, mas alguns são mais valiosos que outros (1 Coríntios 12:31; 14:5). Paulo clama pela primazia da profecia, pois o ministério da Palavra de Deus é o dom de maior valor. Os líderes devem estar alertas, pois os dons espirituais podem atrofiar pela negligência (1 Timóteo 4:14), e, portanto, precisam ser estimulados (2 Timóteo 1:6).

Esses dons não são dados para o simples prazer e engrandecimento do beneficiário, ou mesmo somente para o benefício de sua própria vida espiritual, mas para ministrar a outros (1 Coríntios 14:12) e para levar os santos à maturidade espiritual (Efésios 4:11-13). É significativo que nenhum desses dons refere-se diretamente ao caráter pessoal de um indivíduo; ao contrário, todos são dons para o serviço.

Poucas pessoas descobrem seus dons no começo de suas vidas cristãs; assim sendo, eles frequentemente permanecem dormentes até que a ocasião os revela. Eles geralmente são mais evidentes para os outros do que para nós mesmos, mas podemos ter certeza de que, para o coração exercitado, no tempo certo Deus revelará o dom ou a combinação de dons que são necessários para cumprir o ministério no Corpo de

Cristo que Ele nos designou. Em 1 Coríntios 12–14, o apóstolo adverte os coríntios contra o mau uso dos dons espirituais e estabelece diretrizes para o seu exercício na Igreja.

5

Gloriando-se na cruz

Pois decidi que, enquanto estivesse com vocês, me esqueceria de tudo exceto de Jesus Cristo, aquele que foi crucificado.

—1 Coríntios 2:2

Na visão de Paulo, a fé cristã, como uma elipse, gira em torno de dois centros — o Calvário e o Pentecostes, dois eventos historicamente comprovados. Na conversão do apóstolo, o verdadeiro significado da cruz despertou em sua alma, e imediatamente depois disso ele experimentou as bênçãos do Espírito Santo que haviam iniciado no Pentecostes. A partir desse momento, sua atitude coerente foi expressa nas palavras "Quanto a mim, que eu jamais me glorie em qualquer coisa, a não ser na cruz de nosso Senhor Jesus Cristo. Por causa dessa cruz meu interesse neste mundo foi crucificado, e o interesse do mundo em mim também morreu" (Gálatas 6:14).

A cruz do Calvário foi uma demonstração magnífica de amor sacrificial, mas, desassociada do poder dinâmico liberado pelo Espírito Santo no Pentecostes, estaria fadada ao fracasso desde o início. O Pentecostes era o complemento necessário ao Calvário. A descida do Espírito autenticou a morte e ressurreição de Cristo na experiência dos cristãos. Entre os diversos aspectos que observamos na morte de nosso Senhor, Paulo deu relevância a alguns fatos espirituais que serão abordados neste capítulo.

A morte de Cristo foi uma propiciação pelos nossos pecados

Paulo declarou que "ele, em sua graça, nos declara justos por meio de Cristo Jesus, que nos resgatou do castigo por nossos pecados. Deus apresentou Jesus como sacrifício pelo pecado, com o sangue que ele derramou, mostrando assim sua justiça em favor dos que creem" (Romanos 3:24-25). João acrescentou seu testemunho quando disse: "Ele mesmo é o sacrifício para o perdão de nossos pecados, e não apenas de nossos pecados, mas dos pecados de todo o mundo" (1 João 2:2).

Esse aspecto é absolutamente elementar para os cristãos e de enorme importância na pregação e ensinamento de Paulo. Deus declarou Sua implacável ira contra o pecado, e

Sua justiça exige que todo o pecado receba sua justa punição. Paulo enxergava a morte de Cristo como uma propiciação: um cancelamento da ira de Deus por Cristo ter suportado e eliminado nossos pecados, para que não possam mais permanecer como uma barreira entre nós e Deus.

A nossa libertação do pecado foi obtida pela morte de Cristo

Embora a morte de Cristo tenha nos assegurado a completa justificação de todo pecado, dando-nos uma condição de justos perante Deus, ela teria falhado em seu propósito se nos tivesse deixado como vítimas da tirania do pecado. Não será suficiente apenas curar superficialmente uma ferida exterior supurada se a fonte interior da infecção não for tratada. O seu veneno continuaria a circular pelos canais sanguíneos. O sacrifício perfeito e expiatório de nosso Senhor não nos deixa nessa trágica condição.

Paulo sustenta que o propósito da morte de Cristo é tanto positivo como negativo. "...enquanto aguardamos esperançosamente o dia em que será revelada a glória de nosso grande Deus e Salvador, Jesus Cristo. Ele entregou sua vida para nos libertar de todo pecado, para nos purificar e fazer de nós seu povo, inteiramente dedicado às boas obras" (Tito 2:13-14).

Nosso Redentor não somente nos comprou de volta, mas também nos livrou da escravidão do pecado. Ele pagou um alto preço de redenção nas gotas carmesim de Seu precioso sangue (1 Pedro 1:18-19). Pela Sua vitória sobre o diabo, pecado e morte, Ele adquiriu para nós o poder da libertação de *toda* sorte de pecado — toda maldade, consciente ou inconsciente; pecados "toleráveis" ou intoleráveis, da carne ou da mente.

Se perguntarmos se essa libertação da tirania do pecado é repentina ou se acontece durante um período, a resposta paradoxal seria: *ambos!* De acordo com o ensinamento de Paulo, o momento decisivo que leva à libertação pode ocorrer quando o cristão, consciente de sua incapacidade de se libertar, reivindica sua porção do poder libertador da cruz. Segue-se então o processo de santificação, no qual o Espírito Santo faz com que o poder se torne real, na experiência. "Sabemos que nossa velha natureza humana foi crucificada com Cristo, para que o pecado não tivesse mais poder sobre nossa vida e dele deixássemos de ser escravos" (Romanos 6:6).

Uma vez concluído esse momento, o processo de santificação acelera e continua contanto que o senhorio de Cristo seja verdadeiramente reconhecido. Nesse processo, o Espírito Santo progressivamente remove o que nos impede de sermos transformados à imagem de Cristo e nos leva à seguinte experiência: "Estão livres da escravidão do pecado e se tornaram escravos da justiça" (Romanos 6:18).

A morte de Cristo deve levar-nos a dedicar nossa vida a Ele

A maravilhosa graça e amor que foram demonstrados na cruz requerem uma resposta recíproca — deixar que Cristo seja o centro de minha vida. A aceitação da propiciação de

Cristo logicamente significa o fim da velha vida de gratificação pessoal e o começo de uma nova vida centrada nele. Viver para si depois de ter recebido a valiosa salvação é roubar de Cristo o direito que lhe advém de Sua morte. "Ele morreu por todos, para que os que recebem sua nova vida não vivam mais para si mesmos, mas para Cristo, que morreu e ressuscitou por eles" (2 Coríntios 5:15).

Segundo Paulo, uma vida cristã é vista em duas dimensões — "antes de Cristo" e "depois de Cristo", a.C. e d.C. Até o momento da conversão, a pessoa a.c. tem sido o ponto central de referência. Mas, após Cristo adentrar à vida de uma pessoa, o seu tempo, talentos, amigos, posses e formas de recreação estarão todos sob o controle do Senhor.

Diferentemente da expectativa mundana, a adoção da cruz de Cristo e rendição completa a Ele como Senhor traz a liberdade que não pode ser experimentada de outra forma. "Pois em Cristo Jesus a lei do Espírito que dá vida os libertou da lei do pecado, que leva à morte" (Romanos 8:2). Samuel Rutherford disse: "Quem olha para o lado leve da cruz, e a leva de boa vontade, descobrirá que é um fardo tanto quanto as asas são para os pássaros".

A morte de Cristo deve impedir que nos influenciemos pelos valores deste mundo

Paulo afirmou que a morte de Cristo não era simplesmente um exemplo nobre de heroísmo e uma expressão de amor, embora fosse ambos, mas que era essencialmente um sacrifício pelo pecado.

Contudo, havia também um propósito secundário: resgatar-nos do poder e influência corrupta de nosso mundo. "Que Deus, o Pai, e nosso Senhor Jesus Cristo lhes deem graça e paz. Jesus entregou sua vida por nossos pecados, a fim de nos resgatar deste mundo mau" (Gálatas 1:3-4). O termo "mundo" aqui se refere ao nosso mundo pecaminoso do ponto de vista do tempo e da mudança. O seu fim está se acelerando e não há nele valor eterno algum. Paulo estava somente compartilhando a visão de seu Mestre, pois Jesus disse, "Se o mundo os odeia, lembrem-se de que primeiro odiou a mim. O mundo os amaria se pertencessem a ele, mas vocês já não fazem parte do mundo. Eu os escolhi para que não mais pertençam ao mundo, e por isso o mundo os odeia" (João 15:18-19).

Jesus tinha em mente algo mais do que uma separação física do mundo, pois disse ao Seu Pai: "Não peço que os tires do mundo, mas que os protejas do maligno" (João 17:15). Devemos nos separar moral e espiritualmente do mundo enquanto estamos nele, mas isso deve ser feito pelo ato de *insular*, e não pelo ato de *isolar*, como se estivéssemos vivendo em um gueto sagrado. Os cristãos são o sal da Terra, mas o sal pode somente exercer sua influência antisséptica e penetrante quando há contato. É quando podemos dizer com Paulo: "...meu interesse neste mundo foi crucificado, e o interesse do mundo em mim também morreu" (Gálatas 6:14), que podemos causar nosso maior impacto neste século perverso no qual vivemos. O comprometimento com o espírito deste mundo anula o poder do Espírito eterno e assim neutraliza nossa influência espiritual.

A morte de Cristo era a forma lógica de obter Sua entronização

"Por isso Cristo morreu e ressuscitou, para ser Senhor tanto dos vivos como dos mortos" (Romanos 14:9). Poderiam palavras declarar de maneira mais simples e explícita o propósito primordial da cruz? Nas passagens anteriores estávamos considerando o propósito de Cristo *para nós* em Sua morte. Aqui o foco é no propósito da cruz para *Ele mesmo* — obter soberania completa sobre a vida daqueles por quem Ele morreu, agora e na eternidade.

Pedro proclamou esse fato indiscutível que "Jesus Cristo, que é Senhor de todos" (Atos 10:36). Mas esse Senhor universal anseia pelo nosso reconhecimento espontâneo desse fato. Muitos cristãos estão dispostos a aceitar todos os benefícios de Sua salvação, mas relutantes a entregarem-se à Sua total soberania. Paulo tinha visões sobre o dia quando o reconhecimento da soberania de Cristo será universal — para que "ao nome de Jesus, todo joelho se dobre, nos céus, na terra e debaixo da terra" (Filipenses 2:10). Porém, nosso Mestre anela por esse tipo de adoração muito antes desse dia; Ele prefere que o coroemos voluntariamente, ao invés de lhe rendermos reconhecimento obrigatório.

O ideal é que o dia dessa coroação aconteça na conversão; mas, se o apelo de Cristo pelo Seu senhorio não acontecer completamente nesse momento, Ele deve ser entronizado assim que Sua soberania for reconhecida. William Borden, o jovem americano milionário que morreu quando se dirigia ao campo missionário, descreveu esse passo da coroação:

*Senhor Jesus, eu retiro minhas mãos
De tudo em relação à minha vida.
Coloco-te no trono do meu coração.
Transforma-me, limpa-me, usa-me como tu desejares.*

6

O guerreiro da oração

*Paulo foi separado como mestre
e universalmente reconhecido e aceito.
Era tremendamente capacitado para esse
ministério. Sua conversão tão notável e completa
foi um grande impulso, dando-lhe
capacidade para o combate agressivo e defensivo.
Seu chamado para o apostolado foi claro,
brilhante e convincente. Mas esses pontos fortes
não eram a energia divina que, por fim,
trouxe resultados ao seu ministério.
O percurso de Paulo foi moldado com mais
distinção e sua carreira rendeu sucesso
mais notável, muito mais pela oração do
que por qualquer outra força.*

—E. M. Bounds

Ler as cartas de Paulo é descobrir o mais supremo e importante lugar da oração na vida de um líder espiritual. Em nenhum outro lugar um líder expõe a qualidade de sua própria vida espiritual mais claramente do que em suas orações. Portanto, deveríamos ser profundamente gratos pela espontânea autorrevelação nas orações que afluem nas cartas desse apóstolo. Ele mostra o seu melhor em suas preces.

É óbvio que Paulo não reconhece a oração como algo suplementar, mas como fundamental — não como algo que deveria ser adicionado ao seu trabalho, mas como a própria matriz originando o seu trabalho. Ele era um homem de ação *porque* era homem de oração. Provavelmente sua oração, mais do que sua pregação, produziu o tipo de líder que encontramos em suas cartas.

É interessante notar que em nenhum momento Paulo questiona a razoabilidade ou a possibilidade da oração. Ele nem mesmo tenta explicá-la, mas aceita que é expressão natural e normal da vida espiritual. Paulo não se queixava por ter falhado em seus períodos de oração como nós o fazemos e não parecia afligir-se em pensamentos que lhe minavam a confiança. Para ele nada estava além do alcance da oração.

A oração é a respiração do cristão,
Seu fôlego de vida,
Sua senha da morte o portão,
Pela oração encontra no Céu guarida.
—J. Montgomery

Os elementos da verdadeira oração

As orações de Paulo não parecem ser formais ou muito elaboradas, mas nem por isso são desleixadas ou casuais. Não eram fortuitas, mas sim o resultado de suas reflexões. Suas preces revelam profunda adoração, intensa ação de graças e intercessão que nos deixam admirados.

Algumas vezes o apóstolo rompe em louvor, sua alma inteira flameja até o Céu como incenso no fogo do altar. Outras vezes sua oração é serena e contemplativa. Certo clérigo afirmou que nossas orações são frequentemente frias, secas e repetitivas porque há tão pouco de Cristo nelas. Mas tal acusação não pode ser feita contra Paulo. Ao ficarmos à porta de sua cela, ouvindo as orações que ascendem de lá, somos relembrados da oração de Jesus registrada em João 17.

É verdade que a oração não deve ser clinicamente analisada, mas existe a percepção de que ela pode ser legitimamente dividida em seus elementos constituintes. O estudo das orações de Paulo revela um equilíbrio marcante. Os elementos que tornam a vida de oração equilibrada são facilmente discerníveis. *Louvor e adoração* são dimensões relevantes da oração — prostrando a alma perante Deus em contemplação — concedendo a reverência e honra que lhe pertencem. Em sua adoração, Paulo atribuía louvor pelo que Deus *é*, como também pelo que Ele *faz*.

As orações de Paulo são repletas de *ações de graças e louvor* — o apreciado reconhecimento dos benefícios e bênçãos que Deus dá a nós e a outros.

Confissão de pecado não tinha legitimidade na vida de nosso Senhor, mas esse não era o caso do apóstolo. Em suas cartas e discursos, ele expressou um profundo reconhecimento de seu próprio pecado. "E eu sei que em mim, isto é, em minha natureza humana, não há nada de bom, pois quero fazer o que é certo, mas não consigo. Quero fazer o bem, mas não o faço. Não quero fazer o que é errado, mas, ainda assim, o faço" (Romanos 7:18-19).

> *Ó, o arrependimento, as lutas e a imperfeição!*
> *Os dias desolados e os anos vazios!*
> *Juramentos na noite, tão bravios e vãos!*
> *Dor de minha vergonha e de minhas lágrimas.*
> —F. W. H. Myers

O elemento seguinte na oração é a *petição* — apresentar suas necessidades diárias e recorrentes perante seu Pai celestial que "sabe exatamente do que vocês precisam antes mesmo de pedirem" (Mateus 6:8). É intrigante observar as prioridades para a oração estabelecidas pelo nosso Senhor em Sua oração conhecida e exemplar (Mateus 6:9-13). Até a metade da oração não há menção de necessidades pessoais. A primeira parte é atribuída a Deus e nosso relacionamento com Ele.

Uma ênfase proporcionalmente semelhante pode ser percebida nas preces de Paulo. Ele não era um ascético sem necessidades, no entanto elas não encabeçavam sua ordem de prioridades. A maioria de suas orações visava as necessidades dos outros. Mas ele não negligenciava em expor ao Senhor suas próprias necessidades diárias, tanto temporais como espirituais, em confiante expectativa por Sua provisão. Grande parte das orações de Paulo tinha a ver com a *intercessão* — a apresentação das necessidades pessoais de outros ao trono da graça. Esse é o lado altruísta da oração. Paulo estava constantemente orando pelos novos convertidos e igrejas.

A intercessão não visa superar a relutância de Deus, mas reivindicar os méritos de Cristo em favor de outros que estão em situação difícil. O desenvolvimento espiritual de seu rebanho era a força vital da experiência de Paulo, como vemos em suas orações de intercessão.

Outros, querido Senhor; sim, outros.
Isso será minha oração;
Ajude-me a viver pelos outros,
Que eu possa viver como tu.

Essa foi a experiência de Henry Martyn, que, durante um tempo de deserto e depressão espiritual — e quem não tem tais experiências? —, muitas vezes encontrava "um prazeroso avivamento no ato de orar pelos outros, pela sua conversão, santificação ou prosperidade na obra do Senhor".[1]

As características da verdadeira oração

Referindo-se aos homens que lideraram o trabalho pioneiro de evangelismo e avivamento, E. M. Bounds disse: "Eles não eram líderes devido a luminosidade de seus pensamentos, pelos recursos inesgotáveis, pela magnífica cultura ou

---

[1] Moule, Handley C. G., *Secret Prayer* (Oração secreta), Londres: Marshall's, 113.

pelos dons naturais, mas *pelo poder da oração eles podiam dispor do poder de Deus*".

Aqui temos, em poucas palavras, o principal segredo da maravilhosa liderança de Paulo. Embora possuísse qualidades pessoais em abundância, ele renunciou à dependência delas e escolheu usar a *oração* como seu principal canal para a execução do poder divino.

As orações de Paulo servem como modelo para líderes que têm responsabilidade espiritual. Considere a perseverança em suas orações. Elas eram *incessantes*. "Sempre me lembro de você em minhas orações, noite e dia" (2 Timóteo 1:3). Isso não significa que Paulo não fazia mais nada. Ele usou a palavra incessante no sentido de "constante", ou "contínuo". Uma tosse incessante não é uma tosse que nunca para, mas uma que constantemente persiste. Quando a mente de Paulo estava livre de outras preocupações, fosse dia ou noite, seu coração voltava-se à oração, como a agulha magnética da bússola busca o norte.

Em outras palavras, Paulo não estava usando a linguagem do exagero. Quem sabe achamos difícil imaginar tal constância porque nossa mente está muito secularizada — absorvida com coisas separadas de Deus. Mas para o apostólico guerreiro da oração, *tudo* era razão para orar ou louvar a Deus.

Para Paulo, orar exigia grande esforço. "Quero que saibam quantas lutas tenho enfrentado por causa de vocês e dos que estão em Laodiceia, e por muitos que não me conhecem pessoalmente" (Colossenses 2:1). Esse é um aspecto da oração que muitas pessoas raramente experimentam. A oração não deveria ser um devaneio imaginativo e confortável.

Certamente existe o aspecto tranquilo da oração, mas não deveria ser um escape da realidade ou uma folga da responsabilidade. O bispo Moule disse que, por mais simples e confiante que seja, "a oração nunca foi destinada para ser *indolentemente fácil*". A oração considerada como conflito ou luta inclui as ideias de labuta e contenda. Paulo sabia que a oração verdadeira provoca tremenda oposição no império invisível. Há uma palavra grega que às vezes é traduzida por *luta* na frase, "o bom *combate* da fé" (1 Timóteo 6:12). Esse é um conceito vívido e forte de cujo termo derivamos a palavra *agonizar*. Paulo a usa em outro lugar quando descreve um *atleta* competindo na arena (1 Coríntios 9:25), um *soldado* combatendo por sua vida (1 Timóteo 6:12) e um *obreiro* trabalhando até afadigar-se (Colossenses 1:29). Nossas orações parecem pálidas e mornas em comparação! As orações de Paulo sobem gradualmente em sonoridade com gemidos e suspiros espirituais (2 Coríntios 5:2-4). O apóstolo era, de fato, um firme guerreiro da oração.

Quanto me ajoelho com as armas de meus anseios
Acordado a noite toda sob o inexpressivo ar,
Pasmo e maravilhado com tantos desejos
Perplexo em oração a agonizar.
Culpa da chama que na brasa se apaga!
Culpa do junco tão superficialmente plantado!
Sim, eu o vi, será essa uma memória vaga?
Sim, conheço-o, e Paulo o terá por olvidado?
—F. W. H. Myers

Paulo infundia uma dimensão muito *submissa* em suas orações. Uma vez descoberta a vontade de Deus, contentava-se com ela. Há alguns que sustentam que a frase "se for da Sua vontade" na oração é uma negação da fé. Embora isso possa às vezes ser verdade, não é necessariamente verdade em todos os casos. Jesus orou: "Meu Pai! Se não for possível afastar de mim este cálice sem que eu o beba, faça-se a tua vontade" (Mateus 26:42). Paulo acreditava em uma sabedoria e vontade além das suas. E quando a vontade do Pai se manifestava, ele cordialmente aceitava uma recusa divina e contava com a suficiência da graça divina para capacitá-lo a triunfar. "Em três ocasiões, supliquei ao Senhor que o removesse, mas ele disse: 'Minha graça é tudo de que você precisa. Meu poder opera melhor na fraqueza'. Portanto, agora fico feliz de me orgulhar de minhas fraquezas, para que o poder de Deus opere por meu intermédio" (2 Coríntios 12:8-9).

As súplicas de Paulo eram *confiantes e certas da vitória*. A aparente impossibilidade de uma situação não o amedrontava ou o desencorajava de orar. Para um homem que constantemente vivia na região do sobrenatural e que tinha muita convivência com o Deus onipotente, nada era impossível, exceto aquilo que estava além da dimensão da vontade divina. Quando Paulo orava, confiantemente esperava a intervenção sobrenatural de Deus, caso ela fosse realmente necessária. Ele não conhecia circunstâncias para as quais a oração não fosse apropriada.

Um típico exemplo dessa confiança está registrada em Atos 27: "Pois, ontem à noite, um anjo do Deus a quem pertenço e sirvo se pôs ao meu lado e disse: 'Não tenha medo, Paulo! É preciso que você compareça diante de César. E Deus, em sua bondade, concedeu proteção a todos que navegam com você'. Portanto, tenham bom ânimo! Creio em Deus; tudo ocorrerá exatamente como ele disse" (vv. 23-25).

As orações do apóstolo Paulo eram *cheias de ansiedade*. Podemos encontrar encorajamento ao perceber que o grande apóstolo, um dos grandes expoentes da arte da oração, não era autossuficiente. Muitas vezes era lembrado de sua inadequação em diversas áreas e sentia a forte necessidade da ajuda do Espírito Santo. "E o Espírito nos ajuda em nossa fraqueza, pois *não sabemos orar segundo a vontade de Deus*, mas o próprio Espírito intercede por nós com gemidos que não podem ser expressos em palavras" (Romanos 8:26 – ênfase adicionada).

Paulo ansiava pelas orações de seus irmãos. Na verdade, ele reconhecia que as orações de seus irmãos não visavam somente fortalecê-lo, mas eram bem-vindas, importantes e decisivas para o ministério. Suas cartas contêm muitos apelos para a comunhão em oração. Paulo escreveu à sua família espiritual em Filipos: "...pois sei que, com suas orações e o auxílio do Espírito de Jesus Cristo, isso resultará em minha libertação" (Filipenses 1:19). Paulo e os novos convertidos se engajavam em uma vida de oração mútua.

Consequentemente, vemos que Paulo considerava a oração como um *esforço cooperativo* dentro da igreja. "Irmãos, orem por nós", ele pediu aos novos convertidos tessalonicenses (1 Tessalonicenses 5:25). Aos coríntios ele escreveu: "[Deus] nos livrou do perigo mortal, e nos livrará outra vez. Nele depositamos nossa esperança, e ele continuará a nos livrar. E vocês nos têm ajudado ao orar por nós. Então muitos darão graças porque Deus, em sua bondade, respondeu a tantas orações feitas em nosso favor" (2 Coríntios 1:10-11). Paulo pedia orações a outros para situações, tais como, falar ousadamente. "E orem também por mim. Peçam que Deus me conceda as palavras certas, para que eu possa explicar corajosamente o segredo revelado pelas boas-novas" (Efésios 6:19). Paulo pediu a Deus não somente para abrir a sua boca, mas também para abrir as portas da oportunidade. "Orem também por nós, para que Deus nos dê muitas oportunidades de falar do segredo a respeito de Cristo" (Colossenses 4:3).

As orações de Paulo pareceram ser sempre *estratégicas*. Não havia trivialidades nelas. Ele orava por coisas essenciais ao propósito divino e ao crescimento e maturidade da igreja. Suas orações revelam os fatores que julgava ser de suprema importância.

Na oração de Colossenses 2:1-3, Paulo resumiu algumas das maiores necessidades dos novos convertidos e das igrejas emergentes. Ele orava por pessoas que nunca tinha visto, fato que deve nos estimular a orar pela obra missionária. Orava pelo *encorajamento* das pessoas perante fortes tentações que resultassem em desânimo, ou seja, que fossem "encorajados". Da mesma forma, ele orava pela sua *unidade*. Em meio às tentativas satânicas para promover divisão, ele orou: "Que eles sejam encorajados e unidos por fortes laços de amor".

Paulo ainda orava pela *convicção* deles — para que "[tivessem] plena certeza". E finalmente, orava pelo *conhecimento* deles para "que entendessem o segredo de Deus, que é o próprio Cristo". Essa oração poderosa é um modelo prático para todos os líderes cristãos.

As orações de Paulo eram sempre *inspiradas pelo Espírito*. Ele contava com o Espírito Santo para complementar sua fraqueza e imperfeição (Romanos 8:26-27). E certamente é um prazer para o Espírito vir socorrer líderes espirituais em suas fraquezas.

Todos trabalhamos sob um obstáculo tríplice: (1) Apesar da *iniquidade de nosso coração*, que tende a desencorajar a oração e trazer condenação, o Espírito nos leva ao poder purificador do sangue de Cristo, aquele poderoso solvente de todos os pecados. (2) *A ignorância de nossa mente* é facilmente superada pelo Espírito, que conhece a mente e a vontade de Deus e a comunica livremente ao coração obediente e receptivo. O Espírito nos permite saber se o conteúdo de nossa oração é ou não é a vontade de Deus. (3) *A fraqueza de nosso corpo* muitas vezes age como uma barreira à oração. O Espírito nos ajuda a levantar acima das condições físicas adversas da saúde ou do clima.

Na área da oração, é importante estar alerta para que não caiamos na independência inconsciente e involuntária e nos afastemos do Espírito Santo. Pois devemos sempre "orar no Espírito" como Paulo nos exorta em Efésios 6: "Orem no Espírito em todos os momentos e ocasiões. Permaneçam atentos e sejam persistentes em suas orações por todo o povo santo" (v.18).

7

Um comunicador de Deus

*Assim, conhecendo
o temor ao Senhor, procuramos
persuadir outros.*
—2 Coríntios 5:11

Sem dúvida, um dos elementos mais potentes na liderança de Paulo era sua habilidade em comunicar a verdade divina de forma poderosa e convincente. A maioria dos líderes verdadeiramente efetivos possui essa habilidade.

Na Segunda Guerra Mundial, Adolf Hitler e Winston Churchill se sobressaíram. Os pronunciamentos de Hitler geralmente não eram dignos de consideração, mas ele falou sabiamente quando disse: "A força que coloca em ação as maiores avalanchas de poder na política e religião foi, desde o início, o encanto da palavra falada".[1] Seus próprios discursos desvairados sustentavam seu ponto de vista.

Winston Churchill, de forma semelhante, liderou e galvanizou o mundo livre a agir tanto por seus discursos mensurados, corajosos e inspiradores nos momentos críticos, como também pelos seus grandes dotes políticos e militares. Na linguagem de hoje, Paulo seria descrito como um excelente comunicador. Ele era essencialmente um pregador, um arauto flamejante das boas-novas. Se o sucesso da pregação é medido pelos resultados que ela alcança, então Paulo era um pregador por excelência. Ele conquistou o direito de exortar Timóteo — "pregue a palavra. Esteja preparado, quer a ocasião seja favorável, quer não" (2 Timóteo 4:2).

O humilde apóstolo não reivindicava um dom superior da oratória. "Irmãos, na primeira vez que estive com vocês, não usei palavras eloquentes nem sabedoria humana para lhes apresentar o plano secreto de Deus" (1 Coríntios 2:1). Sua dependência estava no Espírito Santo, não no sofisma mundano. "Minha mensagem e minha pregação foram muito simples. Em vez de usar argumentos persuasivos e astutos, me firmei no poder do Espírito" (1 Coríntios 2:4).

Um método dinâmico de comunicação

Para manter a flexibilidade de sua mente, o método de comunicação de Paulo era adaptado para a ocasião. Por vezes

---

[1] Gangel, Kenneth, *So You Want to Be a Leader* (Então, você deseja ser um líder), Harrisburg: Christian Publications, 1973, 14.

era *polêmico*. Ele correspondia ao raciocínio de seus ouvintes apresentando provas indiscutíveis. "A pregação de Saulo tornou-se cada vez mais poderosa, pois ele deixava os judeus de Damasco perplexos, provando que Jesus é o Cristo" (Atos 9:22). Ele não adotava táticas evasivas quando confrontado com um argumento difícil, nem era um covarde intelectual, com medo de aceitar um desafio em defesa de suas crenças. Seu púlpito não era o castelo de nenhum medroso. A apresentação da verdade por Paulo era cuidadosamente fundamentada. "Por isso, ia à sinagoga debater com os judeus e com os gentios tementes a Deus e falava diariamente na praça pública a todos que ali estavam" (Atos 17:17). Seu objetivo não era simplesmente ganhar o argumento, mas ganhar seus oponentes para Cristo.

O método de comunicação de Paulo era *persuasivo*. Ele não apenas apresentava fatos frios com lógica convincente e se retirava, mas seu apelo era acompanhado de uma súplica afetuosa. Ele preferia persuadir em vez de comandar ou advertir. "Todos os sábados, Paulo ia à sinagoga e buscava convencer tanto judeus como gregos" (Atos 18:4).

Paulo acreditava no julgamento vindouro; que Deus não era um avô espiritual indulgente, mas o Deus que julga e odeia o pecado com ódio implacável e que eventualmente o eliminará do Universo. Essa crença provocava urgência aos apelos de Paulo. "Assim, conhecendo o temor ao Senhor, procuramos persuadir outros" (2 Coríntios 5:11). E nessa arte de persuasão, ele era excepcionalmente bem-sucedido. "Em seguida, Paulo foi à sinagoga e ali pregou corajosamente durante três meses, argumentando de modo convincente sobre o reino de Deus" (Atos 19:8).

Ó, se eu pudesse dizer, certamente acreditarias!
Ó, se eu pudesse ao menos dizer o que tenho visto!
Como eu deveria dizê-lo, ou como tu o receberias,
Como, até que Ele te faça ver o que avisto?

Dá-me uma voz, um clamor e um lamento —
Ó, permita meu som ser tempestuoso em teus ouvidos!
Garganta que brada, e que não cessa pelo tensionamento
Olhos que choram, mas que pelas lágrimas não
são impedidos. —F. W. H. Myers

A pregação do apóstolo era muitas vezes *didática* — adaptada para suprir as necessidades especiais de seus ouvintes, pois Paulo era tanto pregador como professor. Dois grandes períodos de prolongadas pregações e ensino são registrados: dois anos na escola de Tirano e 18 meses em Corinto (Atos 19:9-10; 18:11). Ele adotava usualmente o método de pergunta e resposta para fixar seu ensino. Como as pessoas precisam ter princípios fundamentais verdadeiros para uma fé inteligente, ele meticulosamente as instruía nas ações concretas de Deus.

Embora o método de ensino de Paulo fosse muito sólido, era também *versátil*. Não havia nada estereotipado em sua abordagem. Ele adequava sua mensagem ao seu público, como vemos no seu discurso em Atenas. Mesmo que o conteúdo básico de sua mensagem permanecesse constante, ele percebia a importância de estabelecer princípios comuns com aqueles aos quais discursava, quer fossem congregações judaicas nas sinagogas, filósofos gregos nas acrópoles, ou multidões pagãs em Listra. Ele sentia-se igualmente confortável com governadores e oficiais, filósofos, teólogos e trabalhadores.

Quanto ao tom de sua pregação, Paulo não poderia ser criticado com "a maldição de um cristianismo de olhos secos". Ele exortou os efésios: "Lembrem-se dos três anos que estive com vocês, de como dia e noite nunca deixei de aconselhar com lágrimas cada um de vocês" (Atos 20:31). E novamente o apóstolo falou de seu choro: "Pois, como lhes disse muitas vezes, e o digo novamente com lágrimas nos olhos, há muitos cuja conduta mostra que são, na verdade, inimigos da cruz de Cristo" (Filipenses 3:18). Existe algo comovente nas lágrimas dos homens. Mas Paulo não tinha vergonha de suas lágrimas pela causa de Cristo.

Areópago: fracasso ou sucesso?

O discurso de Paulo no Areópago de Atenas, registrado em Atos 17:22-31, é considerado por alguns como seu maior fracasso na comunicação. Consideram que, em vez de pregar "Jesus Cristo, aquele que foi crucificado", ele favorecia os distintos e eruditos filósofos, perdendo sua oportunidade. Para apoiar essa posição, eles mencionam a afirmação de Paulo aos coríntios: "Pois decidi que, enquanto estivesse com vocês, me esqueceria de tudo exceto de Jesus Cristo, aquele que foi crucificado" (1 Coríntios 2:2), interpretando isso como uma reflexão da determinação de Paulo para mudar sua abordagem.

Outros, entretanto, veem o discurso de Paulo em Atenas como uma de suas melhores mensagens e alegam que sua abordagem não poderia ser aperfeiçoada. S. M. Zwemer chamou de "uma maravilha de pregação tática e poderosa". F. B. Meyer disse: "Pela sua graça e sequência intelectual, grandeza de concepção e extensão, a marcha imponente de palavras eloquentes, ela se sobressai".[2] Paulo estava provavelmente frustrado pela recepção que a maioria conferira à sua mensagem; mas foi ele que fracassou ou os atenienses?

Qualquer que seja a visão, esse discurso oferece critérios úteis sobre as técnicas de comunicação de Paulo. Nele o apóstolo demonstrou sua surpreendente versatilidade em tentar "encontrar algum ponto em comum com todos" — um intelectual aos intelectuais de Atenas "fazendo todo o possível" para que pudesse "salvar alguns" (1 Coríntios 9:22). E nisso ele foi extremamente bem-sucedido.

Vamos analisar os resultados de sua pregação em Atenas (Atos 17:32-34), que até Alexander Maclaren repudiou como "um pouco menos que nada".

Alguns *zombaram*. Algumas das pessoas presentes tomaram parte da zombaria irônica, ou desdém cínico para com a mensagem de Paulo.

Alguns *adiaram*. Eles disseram: "Queremos ouvir mais sobre isso em outra ocasião" (17:32), procrastinaram em indecisão.

Alguns *creram*. "...mas alguns se juntaram a ele e creram" (17:34). Portanto, algumas das pessoas presentes aceitaram a mensagem de Paulo. E entre eles estava "Dionísio, membro do conselho" (17:34).

---

[2] Meyer, F. B., *Paulo*, 122.

O Areópago era a suprema corte de 12 juízes em Atenas. Um equivalente da conversão de Dionísio seria um Ministro do Supremo Tribunal Federal se converter. Se uma conversão assim acontecesse por causa da mensagem de algum pregador contemporâneo, a pregação seria considerada um fracasso? Qual é a frequência de conversão de líderes juristas? O próprio Paulo disse que não muitos sábios são chamados por Deus (1 Coríntios 1:26). Fontes dignas registram que, mais tarde, esse mesmo Dionísio se tornou o Bispo de Corinto.

A outra pessoa convertida foi Dâmaris, uma mulher estrangeira, aristocrática e bem instruída. Sugere-se que provavelmente ela era "temente a Deus" e já ouvira Paulo pregar na sinagoga. E creram "com eles, outros mais". Nada mal para um discurso direcionado a um grupo de intelectuais soberbos! Muitos pregadores hoje ficariam felizes em experimentar tal fracasso!

Um ponto a considerar quando avaliamos a mensagem de Paulo é o fato dela ter sido interrompida e abreviada; portanto não temos ideia de seu conteúdo integral. Além do mais, não há necessidade de concluirmos que o relatório reduzido de Atos 17 inclui tudo que ele disse. Pois o conteúdo de sua mensagem parece ser resumido nas Escrituras, como o vemos no versículo 18: "Paulo também debateu com alguns dos filósofos epicureus e estoicos. Quando lhes falou de Jesus e da ressurreição, eles perguntaram: 'O que esse tagarela está querendo dizer?'. Outros disseram: 'Parece estar falando de deuses estrangeiros'".

O líder cristão tem muito a aprender sobre os métodos de Paulo. Podemos observar que ele constantemente se adaptava ao seu público. Quando falou ao povo de Antioquia da

Pisídia, invocou as Escrituras do Antigo Testamento, com as quais o povo estava acostumado (Atos 13:14-41).

Entretanto, ao falar aos camponeses em Listra, Paulo expressou pensamentos semelhantes em uma linguagem diferente. Ele não usou referências do Antigo Testamento, pois eles as ignoravam, mas invocou a bondade de Deus (Atos 14:15-18).

Em Atenas, ao se dirigir aos filósofos gregos, Paulo estabeleceu afinidade citando os poetas deles e abordou a filosofia bíblica da história grega, seguido de um discurso fundamentado sobre a natureza da Divindade.

A flexibilidade da mente de Paulo e, portanto, a adaptação de sua mensagem ao seu público, ilustra sua frase de tentar "encontrar algum ponto em comum com todos". A lição para o missionário é que ele deve estudar a literatura e cultura do povo ao qual falará para que seja capaz de falar à sua realidade, principalmente aos líderes ou líderes em potencial do grupo.

A introdução conciliatória de seu discurso ateniense é um modelo a ser incentivado. Com grande tato e cortesia, ele introduziu seu assunto cumprimentando o povo pelo interesse óbvio por religião, manifestado nos muitos altares ao redor da cidade. Ele não começou combatendo seus ídolos. Isso viria mais tarde, após a afinidade ter sido estabelecida. Tampouco citou referências judaicas, desconhecidas a eles.

Embora Paulo fosse bem flexível, não era condescendente. O apóstolo não se submetia ao padrão de seus ouvintes orientados pela filosofia, como se o cristianismo fosse apenas mais uma filosofia. Em vez disso, se esforçava para

Um comunicador de Deus

encontrar um ponto em suas crenças atuais no qual pudesse vincular sua própria mensagem. Por querer ganhá-los em vez de preferir um argumento intelectual, limitou-se a comentar uma inscrição particular sobre um altar que atrairia sua atenção. Agora ele tinha seu ponto de contato! "AO DEUS DESCONHECIDO" Com audácia visível, Paulo disse: "Esse Deus que vocês adoram sem conhecer é exatamente aquele de que lhes falo" (Atos 17:23).

Paulo primeiramente enfatizou o que era comum a ambos ao invés das divergências para que ouvissem a sua mensagem. Mas, após atingir esse objetivo, ele iniciou uma polêmica contra a idolatria. Sua cortesia não o impediu de condenar o erro.

Dr. S. M. Zwemer destaca que, apesar de ser verdade que Paulo reconheceu alguns dos elementos positivos que pôde encontrar em Atenas, não foi condescendente ao orgulho ateniense. Ao contrário, repreendeu-o severamente. Ele os desafiou em cinco pontos principais:

1. Embora declarassem que se originaram do pó, Paulo afirmou que foi Deus que fez o mundo e todas as coisas (Atos 17:24).
2. Embora apontassem orgulhosamente para a Acrópole e sua linda arquitetura, Paulo disse: "Ele é o Deus que fez o mundo e tudo que nele há. Uma vez que é Senhor dos céus e da terra, não habita em templos feitos por homens" (Atos 17:24).
3. Embora se sentissem infinitamente superiores aos bárbaros, Paulo afirmou: "De um só homem ele criou todas as nações da terra..." (Atos 17:26).

4. Embora se orgulhassem de sua cronologia e antiguidade, Paulo sustentou que fora *Deus*, não Heródoto, que havia "...decidido de antemão onde se estabeleceriam e por quanto tempo" (Atos 17:26).
5. Embora se orgulhassem de sua história — a gloriosa "Era de Ouro de Péricles" — Paulo declarou que Deus graciosamente "não levou em conta a ignorância das pessoas" (Atos 17:30).

Dessa forma, Paulo aniquilou os gregos orgulhosos, panteístas e materialistas desafiando-os a se arrependerem. "O discurso inteiro permanece como modelo para aqueles que buscam, em tais círculos, apresentar a maneira cristã de fé e uma advertência para aqueles que, em momentos de desorientação, veem virtude na rudeza e lealdade à verdade na desconsideração pelas opiniões, pelos pensamentos e atitudes de pessoas inteligentes que falham de todas as formas de segui-los."[3]

O apóstolo Paulo nunca pareceu restringir-se a pregar sermões rígidos e formais. Em seu contato com homens e mulheres de todas as classes, falava sobre o tema dos temas na linguagem e contexto cultural das pessoas às quais se dirigia.

---

[3] Blaiklock, Edward M., *Bible Characters* (Personagens bíblicos), Londres: Scripture Union, 1974, 127.

8

O missionário desbravador

> *Pelo contrário, esperamos que
> sua fé cresça de tal modo que se ampliem
> os limites de nosso trabalho entre vocês.
> Então poderemos anunciar as boas-novas
> em outros lugares, para além de
> sua região.* —2 Coríntios 10:15-16

O apóstolo Paulo foi um missionário desbravador, deixando em seu rastro uma série de novas igrejas vivas e vibrantes. É importante observar que os maiores avanços missionários do século passado redescobriram ou ressaltaram os princípios missionários de Paulo.

Ao escrever sobre o apóstolo em seu papel de missionário modelo, Dr. R. E. Speer, um notável político missionário disse: "O primeiro missionário demarcou para sempre as linhas e princípios da obra missionária bem-sucedida".

Pensa-se, geralmente, que a experiência de Paulo na estrada de Damasco foi a causa original de seu entusiasmo missionário, e em certo sentido isso é verdade. Mas ele já não era um missionário ardente pelo judaísmo antes de sua conversão? Ele queria ser tanto missionário como rabino. Isso já não estava na raiz de seu zelo excessivo e perseguidor? Longe de extinguir essa paixão missionária, sua conversão não só a intensificou, mas também alterou radicalmente sua direção.

Pelo ensino e pelo exemplo, Paulo se aproximou do modelo divino mais do que qualquer outro missionário que o mundo já viu. Nele, Cristo possuía um instrumento singularmente qualificado, muito bem sintonizado e apaixonadamente devoto ao propósito divino. De fato, Cristo o escolheu precisamente porque viu nele matéria-prima missionária de qualidade incomum. Outros missionários, como David Livingstone, abriram continentes para o evangelho. Paulo abriu o mundo.

Seu chamado principal, vindo do Senhor, já foi tratado anteriormente, mas precisamos considerá-lo um pouco mais em relação às suas atividades missionárias subsequentes. Na estrada de Damasco, o Senhor anunciou duas coisas peculiares a Paulo em relação ao seu serviço missionário: seu ministério (1) seria para terras distantes e (2) seria principalmente aos gentios (Atos 22:21). Visto que Jesus foi enviado primeiramente para "às ovelhas perdidas do povo de Israel"

O missionário desbravador

(Mateus 10:6), Ele teve que deixar a evangelização dos gentios aos Seus seguidores, dos quais Paulo seria o líder.

O caráter universal do evangelho foi vagarosamente compreendido pelos apóstolos. Um passo significativo foi dado nessa direção quando Pedro superou sua exagerada intolerância e foi para a casa de Cornélio, um centurião romano (Atos 10:9-48). Porém eventos subsequentes na Galácia provaram que seu preconceito não havia sido totalmente dissipado (Gálatas 2:11-14). A conversão dos gentios em escala mundial exigia alguém com mente mais aberta e coração maior que o de Pedro. Em Paulo, o Espírito Santo encontrou um instrumento com grande coração, exclusivamente preparado. Mas foi somente através de um processo gradual que Paulo compreendeu todas as implicações de seu chamado (Atos 13:46; 18:6; 22:19-21).

Foi corretamente argumentado que o chamado missionário hoje não significa um novo propósito de Deus para vida da pessoa, mas a descoberta do propósito pelo qual Deus a enviou ao mundo: o cumprimento de uma preparação divina que começou antes de seu nascimento. Foi assim com Paulo. Sua carreira como missionário foi de constante expansão. Ao progredir em obediência, o plano de Deus para sua vida gradualmente se delineou. Sua carreira demonstrou que a bênção de Deus repousa em medida extraordinária nas fronteiras do avanço missionário.

Métodos de liderança missionária

O livro de Atos foi o primeiro manual missionário do mundo e contém tanto a história como a filosofia da missão. Ele é rico em cenas e eventos tipicamente missionários que proporcionam uma orientação valiosa para missões em todas as épocas. Narra tanto sucessos como fracassos. Identifica valores e indica métodos. Atos é o comentário de Deus sobre os problemas existentes na maioria dos campos missionários atuais. Cobrindo um período de 33 anos, é uma demonstração vívida do que pode ser conquistado durante a vida por homens e mulheres comuns que simplesmente obedecem a Deus.

Ao considerar os métodos que Paulo empregou sendo o líder humano da obra missionária da Igreja Primitiva, notamos vários pontos que abordaremos separadamente.

1. Ao planejar sua estratégia, Paulo "reconheceu que missões era uma tarefa humana que envolvia o homem em todos os seus relacionamentos e em sua identidade nacional, social e cultural. Portanto *ele procurou identificar-se* tanto quanto possível *com o estrato social e nacional da humanidade* para que pudesse apresentar o evangelho de forma compreensível e aceitável" (1 Coríntios 9:16-23).[1] Como consequência ele adaptou suas táticas à sua estratégia.

---

[1] Peters, George W., *Teologia Bíblica de Missões*, CPAD, 2000.

2. *Não restringiu seus esforços a um estrato específico da sociedade.* Nesse sentido, Paulo estava disposto a "encontrar algum ponto em comum com todos". Ele tanto almejou alcançar os menos privilegiados quanto os influentes. "...pois sinto grande obrigação tanto para com os gregos como os bárbaros, tanto para com os instruídos como os não instruídos. Por isso, aguardo com expectativa para visitá-los, a fim de anunciar as boas-novas também a vocês, em Roma" (Romanos 1:14-15).

3. *Ele evitou vilarejos e cidades pequenas para se concentrar em cidades maiores e mais estratégicas,* por exercerem mais influência na cultura e hábitos das pessoas. Somente dessa forma poderia assegurar um crescimento consistente.

4. *Paulo considerava cada igreja doméstica e seus membros individuais como uma base de envio em potencial.* Tinha expectativas de que atingissem esse estágio rapidamente. A igreja de Tessalônica atendeu esse requisito e lhe trouxe muita alegria nessa questão. "Com isso, tornaram-se exemplo para todos os irmãos na Grécia, tanto na Macedônia como na Acaia. Agora, partindo de vocês, a palavra do Senhor tem se espalhado por toda parte, até mesmo além da Macedônia e da Acaia, pois sua fé em Deus se tornou conhecida em todo lugar. Não precisamos sequer mencioná-la" (1 Tessalonicenses 1:7-8).

5. *Ele buscava um padrão de expansão, mas não negligenciou o ministério de consolidação em lugares já visitados* (Romanos 15:20). "Voltemos para visitar cada uma das cidades onde pregamos

a palavra do Senhor, para ver como os irmãos estão indo" (Atos 15:36). As cartas faziam parte de seu cuidado pastoral pelas igrejas.

6. *Paulo engajou-se em um ministério com itinerário consistente e persistente, e em evangelismo pessoal.* Ele não cometeu o erro de alguns líderes que aconselham outros a fazerem o que eles próprios falham em fazer.

7. *Ele defendeu a causa dos gentios contra os legalistas,* pregando que todas as barreiras foram derrubadas em Cristo. "Não há mais judeu nem gentio, escravo nem livre, homem nem mulher, pois todos vocês são um em Cristo Jesus" (Gálatas 3:28). Distinções de raça, classe e sexo foram abolidas.

8. *Paulo renunciou aos métodos superficiais de evangelismo.* Mero evangelismo não o satisfazia. O objetivo de Paulo era estabelecer igrejas permanentes entre as pessoas que aceitaram a verdade e levar os crentes à maturidade completa. Ele declarou, sucintamente, o propósito de sua pregação em Colossenses 1: "Portanto, proclamamos a Cristo, advertindo a todos e ensinando a cada um com toda a sabedoria, para apresentá-los maduros em Cristo. Por isso trabalho e luto com tanto esforço, na dependência de seu poder que atua em mim" (vv.28-29).

Quando pessoas se convertiam, Paulo as constituía em igrejas com uma organização simples e flexível. "Depois de terem anunciado as boas-novas em Derbe e feito muitos discípulos, Paulo e Barnabé voltaram a Listra, Icônio e Antioquia da Pisídia, [...] Paulo e Barnabé também escolheram presbíteros em cada igreja e, com orações e jejuns, os entregaram aos cuidados do Senhor, em quem haviam crido" (Atos 14:21,23).

9. *Ele pregava o evangelho completo* — a universalidade do pecado e a certeza de julgamento, a importância e a suficiência da cruz, a ressurreição e a segunda vinda de Cristo. "Por isso, declaro hoje que, se alguém se perder, não será por minha culpa, pois não deixei de anunciar tudo que Deus quer que vocês saibam" (Atos 20:26-27). Mesmo quando estava em Tessalônica por pouco tempo, Paulo apresentou toda a extensão da verdade de forma embrionária.

10. *Ele não apresentava "iscas" financeiras*, ao contrário, encorajava cada igreja a ser não somente autossuficiente, mas também generosa em dar aos outros. Quando escreveu aos coríntios, Paulo citou o exemplo dos irmãos da igreja da Macedônia "que deram não apenas o que podiam, mas muito além disso" (2 Coríntios 8:3). Ele os encorajou dizendo: "Visto que vocês se destacam em tantos aspectos — na fé, nos discursos eloquentes, no conhecimento, no entusiasmo e no amor que receberam de nós —, queríamos que também se destacassem no generoso ato de contribuir" (8:7).

11. *Paulo praticava a arte de delegar.* Apesar de estar disposto a carregar uma carga tremenda de trabalho e responsabilidade, ele era sábio suficiente para não assumir responsabilidade excessiva pelas igrejas. Ele sabia delegar responsabilidades a outros que, mesmo sendo menos qualificados, cresceriam e se desenvolveriam ao serem incumbidos de

mais responsabilidade. E assim ele continuava a desenvolver novos líderes.

12. Ao dizer "Sejam meus imitadores, como eu sou imitador de Cristo" (1 Coríntios 11:1), Paulo estava estabelecendo um padrão extraordinariamente alto, principalmente na área do serviço sacrificial.

13. *Estabeleceu para seus novos convertidos um padrão que não ficava abaixo do que ele próprio havia demonstrado.* Paulo investigava e cultivava a amizade de jovens com potencial para liderança, educando-os a disciplinarem-se como bons soldados de Jesus Cristo. "Exercite-se", pessoalmente, "na devoção", Paulo estimulava a Timóteo. "O exercício físico tem algum valor, mas exercitar-se na devoção é muito melhor, pois promete benefícios não apenas nesta vida, mas também na vida futura" (1 Timóteo 4:7-8).

14. Sempre que fosse a opção mais sábia, sob certas circunstâncias, *ele não recebia apoio financeiro das igrejas,* mas sustentava-se por seu ofício de fazer tendas.

15. *Ele tinha confiança irrestrita na mensagem do evangelho* e em seu poder para transformar indivíduos e comunidades (Romanos 1:15-17).

16. *Tinha o espírito do pioneiro espiritual.* "Também não nos orgulhamos do trabalho realizado por outros nem assumimos o crédito por ele. Pelo contrário, esperamos que sua fé cresça de tal modo que se ampliem os limites de nosso

trabalho entre vocês. Então poderemos anunciar as boas-novas em outros lugares, para além de sua região, onde ninguém esteja trabalhando. Assim, ninguém pensará que estamos nos orgulhando do trabalho feito em território de outros" (2 Coríntios 10:15-16).

Para Paulo, portas fechadas não eram obstáculos, mas desafios. Se uma porta parecia estar fechada, ele não concluía que não deveria entrar por ela. Tampouco ficava parado, permitindo ao diabo uma vitória incontestável. Ele empurrava a porta para ver se a abriria (Atos 16:7), mas, quando a vontade de Deus se tornava clara, aceitava sem nenhuma objeção — mesmo que isso contrariasse os seus desejos.

Às vezes o dever impedia o apóstolo de cumprir seu objetivo. "Quero que saibam, irmãos, que muitas vezes planejei visitá-los, mas até agora fui impedido" (Romanos 1:13). Às vezes Satanás o impedia. "Queríamos muito visitá-los, e eu, Paulo, tentei não apenas uma vez, mas duas; Satanás, porém, nos impediu" (1 Tessalonicenses 2:18). Mas, geralmente, Paulo tinha êxito em alcançar seu objetivo.

Que homem! Que missionário! Ele mereceu por completo a avaliação do Decano Farrar sobre suas qualidades: "Paulo, cheio de energia como Pedro e contemplativo como João; Paulo, o herói da abnegação; Paulo, o grande campeão da liberdade religiosa; Paulo, maior pregador que Crisóstomo, maior missionário do que Xavier, maior reformador que Lutero, maior teólogo que São Tomás de Aquino; Paulo, o inspirado apóstolo dos gentios, o escravo do Senhor Jesus Cristo".[2]

---

[2] Sanders, *Bible Men of Faith* (Homens de fé da Bíblia), 219.

A discórdia com Barnabé

Os missionários não estão isentos dos ataques do adversário, que sempre está em alerta para perturbar a harmonia. Mesmo os homens piedosos possuem seus calcanhares de Aquiles, e Paulo não era exceção. A discórdia entre ele e Barnabé sobre João Marcos traz lições salutares para o líder missionário. Na primeira viagem missionária de Paulo, João Marcos desertou em Perga e voltou para casa. Para o apóstolo isso foi um sério abandono do dever. Quando Barnabé quis levar João Marcos com eles em sua segunda viagem, Paulo se opôs veementemente. Ele considerou que o jovem não tinha o espírito nem a resistência necessária para uma viagem tão perigosa (Atos 15:36-38).

O resultado não foi uma pequena discussão. "O desentendimento entre eles foi tão grave que os dois se separaram" (v.39). A ação de Barnabé foi mais voltada ao nepotismo, pois João Marcos era seu sobrinho. Ele foi capturado em uma batalha de lealdades e optou em favor de seu parente. No calor da discussão, ele se tornou obstinado e Paulo foi intransigente. Eles chegaram a um impasse, e não há menção de terem orado juntos sobre o fato. Em vez disso, chegaram à infeliz solução de irem em direções diferentes.

Em retrospectiva parece que havia elementos justos em ambos os pontos de vista. Barnabé sentia que o jovem rapaz poderia ter o benefício de uma segunda chance e que ele, no final das contas, pudesse se sair bem. Barnabé provou estar certo. Paulo pensou mais na importância de cumprir suas tarefas e sentiu que era um risco injustificado levar um membro da equipe que poderia abandoná-los novamente quando as dificuldades aumentassem. Não é difícil acompanhar o seu raciocínio.

Sir William Ramsay sustenta que a história marcha com Paulo, e não com Barnabé, pois foi ele quem recebeu a bênção da igreja de Antioquia. Por outro lado, a convicção otimista de Barnabé em relação à possibilidade de salvação do jovem provou ser bem fundamentada, pois mais tarde Paulo escreveu para Timóteo: "Traga Marcos com você, pois ele me será útil no ministério" (2 Timóteo 4:11). Essa era a marca de um grande homem, um verdadeiro líder.

Aparentemente, a lição para Marcos o fortaleceu, abrindo seus olhos para a própria falha de caráter. Esse entendimento pessoal sem dúvida o levou novamente à bênção de Deus.

A disputa entre Paulo e Barnabé não pode ser justificada ou ignorada, mas Deus "transformou a maldição em bênção" (Deuteronômio 23:5). O resultado foi a criação de duas equipes efetivas de pregação. A disputa não foi fruto do Espírito, porém, mais uma vez, "à medida que o pecado aumentou, a graça se tornou ainda maior" (Romanos 5:20).

Uma situação assim é uma possibilidade sempre presente no trabalho cristão: diferenças expressas com argumentos sem oração e que resultam em quebra de comunhão. "Essas coisas que aconteceram a eles nos servem como exemplo. Foram escritas como advertência para nós, que vivemos no fim dos tempos" (1 Coríntios 10:11).

9

As convicções de um homem leal

Continuamos a pregar porque temos o mesmo tipo de fé mencionada nas Escrituras: "Cri em Deus, por isso falei". —2 Coríntios 4:13

Uma mente liberal e uma atitude tolerante são altamente elogiadas nos círculos intelectuais, e isso é certo se corretamente utilizadas. Mas existe uma liberalidade e uma tolerância que são simplesmente falta de firmeza.

Em muitos assuntos o correto é suspender o julgamento — assuntos que são moralmente neutros, interpretações especulativas das Escrituras das quais não há uma definição clara, ou outras questões nas quais pontos de vista alternativos são justificados.

No entanto, existem alguns assuntos em que é correto não ter uma mente aberta. Quando um cristão, após um exame e reflexão completos das Escrituras, atinge sólidas conclusões, está certo em manter suas convicções. "Cada um deve estar plenamente convicto do que faz" (Romanos 14:5). Um estudante de matemática tem uma mente liberal pelo fato de dois mais dois ser quatro? Não. Mas isso não significa que não se deve estar preparado para considerar outros fatos aparentemente incontestáveis. Tal fuga daria o mérito à ignorância. Mas uma pessoa deve, realmente, exigir evidência incontestável para fazê-la mudar de opinião. Na vida cristã, devemos nos esforçar em direção à convicções firmes como nossa âncora no mar agitado da vida.

Convicção é: "crença ou opinião firme a respeito de algo, com base em provas ou razões íntimas, ou como resultado da influência ou persuasão de outrem; convencimento" (*Dicionário Houaiss*, Editora Objetiva, 2009). Opiniões nos custam somente o fôlego, mas convicções muitas vezes custam a própria vida. Somos todos prolíficos em opiniões, mas poucos de nós lutamos por elas. Algumas pessoas confundem preconceitos com convicções, mas preconceito somente nos torna intolerantes. Temos que alcançar a certeza sobre os fatos básicos de nossa fé.

Como todo líder forte, Paulo apreciava convicções firmes — convicções que eram como aço, forte e durável. Ele possuía crenças inabaláveis com relação a Deus, ao homem, à vida e à morte, a este mundo e ao que está por vir. Essas crenças iluminaram e deram autoridade à sua liderança. As pessoas amam seguir alguém que realmente acredita em suas convicções.

> Não é a sabedoria do pregador, mas sua convicção que é transmitida aos outros. Uma chama verdadeira acende outra chama. Homens com convicção falarão e serão ouvidos... Nenhuma profusão de leitura ou brilhantismo intelectual tomará o lugar da total convicção e sinceridade.[1]

Convicções não são apenas o produto da razão e pesquisa. Há algo mais que impulsiona o crente em direção ao compromisso.

> O coração tem razões que a própria razão desconhece. É o coração que sente Deus, não a razão. Existem verdades que são experimentadas e verdades que são provadas, pois conhecemos a verdade não somente pela razão, mas pela convicção intuitiva que pode ser chamada de coração. As verdades primárias não são demonstráveis e *ainda assim* nosso conhecimento delas é certo. A verdade pode estar acima da razão e mesmo assim não contrária a ela.[2]

---

[1] Robertson, A.T., *The Glory of the Ministry* (A glória do ministério), Nova Iorque: Revell, 1911, 59.

[2] Speer, Robert E., *Master of the Heart* (Mestre do coração) Nova Iorque: Revell, 1908, 39.

O apóstolo Paulo mantinha firme seus pontos de vista quanto a questões que o confrontavam como um líder na Igreja. Neste capítulo, examinaremos suas profundas convicções.

A natureza das Escrituras

As convicções de um líder em relação à Bíblia afetarão profundamente a natureza de sua liderança. Alguém que tenha ressalvas intelectuais sobre a inspiração e autoridade absoluta das Escrituras inevitavelmente limitará seu manejo e aplicação da verdade divina. Aqui, como em outros lugares, Paulo estabelece o padrão. Sua mente estava sintonizada com a de Deus.

A única Bíblia de Paulo era o Antigo Testamento, e mesmo antes de sua conversão tratava-a com reverência como sendo os oráculos de Deus. Em seu treinamento se empenhava para memorizar grandes porções de texto, uma prática inestimável pouco observada atualmente. Quando estive no Japão, um pastor nativo me contou que havia lido a Bíblia 86 vezes nos últimos sete anos! Muitos cristãos a leram apenas uma vez na vida!

Em suas cartas, Paulo não deu a menor pista de que possuía qualquer dúvida sobre a origem e inspiração divina das Escrituras. Ele teve que enfrentar, como enfrentou seu Senhor, todos os mesmos problemas textuais, todos os supostos erros e discrepâncias no Antigo Testamento com que temos contendido hoje. Mas não existe uma partícula de evidência de que esses problemas alguma vez lhe tivessem causado preocupações. Estamos em boa companhia quando fazemos o mesmo.

A confiança de Paulo na autoridade e integridade das Escrituras é expressa nestes inequívocos termos: "Toda a Escritura é inspirada por Deus e útil para nos ensinar o que é verdadeiro e para nos fazer perceber o que não está em ordem em nossa vida. Ela nos corrige quando erramos e nos ensina a fazer o que é certo" (2 Timóteo 3:16). O apóstolo compartilhava da convicção de seu Senhor que "enquanto o céu e a terra existirem, nem a menor letra ou o menor traço da lei desaparecerá até que todas as coisas se cumpram" (Mateus 5:18).

As Escrituras Sagradas são a Palavra de Deus, pois foram inspiradas por Ele. A Bíblia se originou em Sua mente, saiu de Sua boca, apesar, é claro, de ter sido falada por autores humanos, que no processo, não destruíram sua singularidade ou sua autoridade divina. —John Stott

As cartas de Paulo estão repletas com referências do Antigo Testamento. Um aplicado estudioso da Bíblia contou 191 referências do Antigo Testamento registradas em seus escritos.

Paulo nem sempre era cuidadoso em citar o texto exato do original, mas dava o espírito essencial da mensagem, sendo guiado pelo Espírito Santo. Onde quer que Paulo olhasse nas Escrituras, descobria princípios e verdades que se encaixavam perfeitamente às suas próprias necessidades e às de seus leitores.

É nítida a confiança irrestrita que Paulo tinha na exatidão e na confiabilidade das palavras das Escrituras. Um bom exemplo da interpretação cuidadosa de Paulo das Escrituras é seu argumento sobre o uso do número singular como objeto da promessa de Deus. "Pois bem, Deus fez a promessa a Abraão e a seu descendente. Observem que as Escrituras não dizem 'a seus descendentes', como se fosse uma referência a muitos, mas sim 'a seu descendente', isto é, Cristo" (Gálatas 3:16). Em sua defesa perante Félix, Paulo declarou: "Reconheço, porém, que sou seguidor do Caminho, que eles chamam de seita. Adoro o Deus de nossos antepassados e creio firmemente na lei judaica e em tudo que está escrito nos profetas" (Atos 24:14).

O apóstolo cria firmemente na relevância das Escrituras do Antigo Testamento para a vida e experiência dos cristãos do Novo Testamento. Ao se referir às experiências de Israel no deserto e ao julgamento que caiu sobre eles por causa dos seus pecados, Paulo escreveu: "Essas coisas que aconteceram a eles nos servem como exemplo. Foram escritas como advertência para nós, que vivemos no fim dos tempos" (1 Coríntios 10:11). E outra vez Paulo aplicou as Escrituras Sagradas para nós quando disse: "E, quando Deus considerou Abraão justo, não o fez apenas para benefício dele. As Escrituras dizem que foi também para nosso benefício, pois elas garantem que também seremos considerados justos por crermos naquele que ressuscitou dos mortos a Jesus, nosso Senhor" (Romanos 4:23-24).

Devido ao amor e reverência que Paulo tinha pelo Antigo Testamento e pelo uso frequente que fazia dele, R. E. Speer escreveu: "É triste pensar que ele provavelmente não tinha sua própria cópia. As Escrituras do Antigo Testamento estavam em rolos desajeitados, que eram muito caros para indivíduos comprarem. Em suas longas viagens Paulo dificilmente poderia tê-los levado consigo, se pudesse adquiri--los."[3] Como devemos valorizar nossas Bíblias compactas, fáceis de ler e fáceis de carregar!

Lidando com a crítica adversa

Quanto mais alto um homem cresce na liderança, mais ele estará exposto à crítica e cinismo dos rivais ou daqueles que se opõem às suas opiniões e ações. A maneira que ele reage terá efeitos de longo alcance em seu trabalho. Almejar a popularidade pode significar perder a verdadeira liderança espiritual.

Paulo estabeleceu um padrão valioso nessa questão. Embora quisesse conviver bem com seus colegas, ele recusava-se a agir dessa maneira para não perder o favor do seu Senhor. Ele expressou sua máxima ambição em 2 Coríntios: "Assim, quer estejamos neste corpo, quer o deixemos, nosso objetivo é agradar ao Senhor" (5:9). Escrevendo aos gálatas, ele perguntou: "Acaso estou tentando conquistar a aprovação das pessoas? Ou será que procuro a aprovação de Deus? Se meu objetivo fosse agradar as pessoas, não seria servo de Cristo" (Gálatas 1:10).

A opinião adversa de seus contemporâneos não incomodava Paulo excessivamente, embora evitasse atrair a crítica.

---

[3] Speer, Paul, *The All-round Man* (Paulo, o homem versátil), 65.

"Quanto a mim, pouco importa como sou avaliado por vocês ou por qualquer autoridade humana. Na verdade, nem minha própria avaliação é importante. Minha consciência está limpa, mas isso não prova que estou certo. O Senhor é quem me avaliará e decidirá. Portanto, não julguem ninguém antes do tempo, antes que o Senhor volte. Pois ele trará à luz nossos segredos mais obscuros e revelará nossas intenções mais íntimas. Então Deus dará a cada um a devida aprovação" (1 Coríntios 4:3-5).

Como Paulo sabia que era leal aos "mistérios de Deus" que lhe haviam sido dispensados (1 Coríntios 4:1), podia negligenciar a simples opinião humana: "Quanto a mim, pouco importa como sou avaliado por vocês" (1 Coríntios 4:3). Se a crítica da igreja pôde ser ignorada pelo líder fiel somente 35 anos após o fenômeno do Pentecostes, a censura da igreja morna dos dias atuais não pode nos causar tanto terror.

Paulo também não temia o *julgamento do mundo*, "qualquer autoridade humana". Apesar do mundo *não* ser, na verdade, seu juiz, ele era cuidadoso em manter um equilíbrio. Ele também escreveu: "Não ofendam nem os judeus, nem os gentios, nem a igreja de Deus, assim como também eu procuro agradar a todos em tudo que faço. Não faço apenas o que é melhor para mim; faço o que é melhor para os outros, a fim de que muitos sejam salvos" (1 Coríntios 10:32-33). Paulo não se empenhava por uma consistência pétrea, esse espírito de mente estreita.

D. M. Panton escreveu: "Mendelssohn submeteria suas partituras ao julgamento de um surdo, como Rafael suas telas ao julgamento de um cego de nascença, e como Paulo submeteria os mistérios de Deus a um mundo que não o conhece".

Paulo foi ainda mais longe, afirmando que possuir uma consciência perfeitamente limpa, apesar de ser algo inestimável, não deixa ninguém inocente. Embora a consciência possa nos satisfazer, devemos desconfiar de nossos próprios vereditos sobre nós mesmos devido à sutileza de nossos corações. Paulo declarou: "Minha consciência está limpa, mas isso não prova que estou certo". Com isso, diz que não era um juiz.

"O Senhor é quem me avaliará", disse Paulo — e o Senhor conhece todas as informações. Ele pode pesar os motivos e avaliar os fatos. Ele é o tribunal de apelação final. Seu julgamento é justo e infalível, *por isso devemos suspender o nosso*: "...não julguem ninguém antes do tempo". Nossos poderes são muito limitados, nosso conhecimento tão inadequado, nossas mentes demasiadamente tendenciosas para alcançar um julgamento correto. Podemos e temos que confiar tudo às mãos competentes do Senhor e, no final, "Deus dará a cada um a devida aprovação" (1 Coríntios 4:5).

Temos que ter em mente que a indiferença à opinião humana pode ser desastrosa se não estiver sintonizada com o temor de Deus. E mesmo assim alguma independência da avaliação humana pode ser um bem valioso ao homem disciplinado cujo objetivo é a glória de Deus. Para Paulo, a voz do homem era algo um tanto débil porque seu ouvido estava sintonizado à contundente voz da avaliação de Deus. Ele não temia o julgamento do homem, pois tinha consciência de que estava perante um tribunal superior.

Não julga; as ações de tua mente
E do teu coração que não podes ver.

O que teus olhos veem obscuramente,
Para Deus pode tão somente ser
Uma cicatriz de um campo conquistado
Onde desmaiarias e terias capitulado.

Um arquiteto da Igreja

A área da liderança de Paulo era muito vasta na Igreja. Na verdade, sob a perspectiva humana, pode-se dizer que ele foi seu arquiteto-chefe. Sob a direção do Espírito Santo, Paulo foi responsável por moldá-la no instrumento de comunhão local e evangelismo mundial que subsequentemente se tornou. Ele percebeu claramente que a Igreja era essencial nos propósitos de Deus.

Embora Paulo fosse individualista em certo sentido, não estabeleceu uma organização própria pela qual ele "respondia somente a Deus", como ocorre com frequência atualmente. Ele estava dolorosamente ciente das fraquezas e fracassos da Igreja. Como consequência estava resolvido a fortalecê-la internamente. Seu ensino e exemplo dão pouco encorajamento àqueles que tentam desonrar a Igreja. "Assim sendo, o cristão individualista, que não leva a sério a lealdade à Igreja, e às vezes tenta depreciar o 'cristianismo organizado' não deve esperar nenhuma aprovação de Paulo."[4]

Na estrada para Damasco, ele começou a aprender uma lição valiosa: Cristo confere grande valor a Sua Igreja. O Senhor disse: "Saulo, Saulo, por que você me persegue?"

---

[4] White, *Apostle Extraordinary* (Apóstolo extraordinário), 62.

(Atos 9:4). Aquele que tocava a Igreja tocava em Cristo! Paulo veio a entender que "Cristo amou a igreja. Ele entregou a vida por ela" (Efésios 5:25). Realmente, Cristo comprou a Igreja "com seu próprio sangue" (Atos 20:28). "O plano de Deus era mostrar a todos os governantes e autoridades nos domínios celestiais, por meio da igreja, as muitas formas da sabedoria divina. Esse era seu propósito eterno, que ele realizou por meio de Cristo Jesus, nosso Senhor" (Efésios 3:10-11). Essa elevada avaliação da Igreja fez Paulo mantê-la no centro de seu pensamento e planejamento. É interessante que muitas figuras de linguagem que Paulo emprega para descrever a Igreja não são estáticas, mas vitais — um organismo vivo e não uma simples organização. Paulo via a Igreja como o Corpo místico de Cristo (Colossenses 1:24). Na Igreja ele via unidade entre a diversidade. "Da mesma forma que nosso corpo tem vários membros e cada membro, uma função específica, assim é também com o corpo de Cristo. Somos membros diferentes do mesmo corpo, e todos pertencemos uns aos outros" (Romanos 12:4-5).

O conceito de Paulo do relacionamento conjugal como uma representação da Igreja (Efésios 5:22-32) é mais desenvolvido quando ela é chamada *noiva de Cristo*, com toda a riqueza de imagem que o quadro gera (Apocalipse 19:7; 21:9-10). Não se pode imaginar nenhum relacionamento mais terno e afetuoso.

Paulo não considerava a Igreja uma instituição monolítica, mas uma família afetuosa e caridosa — *a família de Deus*, com todas as alegres interrelações que envolvem uma família ideal. "Deus dá uma família aos que vivem sós" (Salmo 68:6), estabelece os cristãos nas igrejas onde, de forma ideal, o povo de Deus serve uns aos outros e carrega os fardos uns dos outros. Ele é o "Pai, o Criador de todas as coisas nos céus e na terra" (Efésios 3:14-15).

Paulo também adota o exemplo de um edifício, um templo que está se erigindo, do qual Cristo é a fundação e a pedra angular. É um "templo santo para o Senhor. Por meio dele, vocês também estão sendo edificados como parte dessa habitação, onde Deus vive por seu Espírito" (Efésios 2:21-22). Cada novo crente é uma pedra viva construída naquele edifício divino.

A Igreja também é a guardiã da verdade de Deus e a testemunha dela, pois "é a igreja do Deus vivo, coluna e alicerce da verdade" (1 Timóteo 3:15). Paulo, em nenhum lugar representa a Igreja sem defeitos ou infalível — ele conhecia suas fraquezas muito bem. Quando ele falou de Cristo apresentando Sua Igreja "como igreja gloriosa, sem mancha, ruga ou qualquer outro defeito, mas santa e sem culpa" (Efésios 5:27), tal dia provavelmente parecia muito longínquo.

A unidade da Igreja deve ser nosso objetivo e interesse constante, mas não deve ser perseguido em detrimento da verdade. R. E. Speer disse: "A unidade se torna imoral quando é alcançada à custa da fidelidade a Cristo ou à Sua lei... Para Paulo somente duas coisas eram motivo de rompimento e divisão. Uma era deslealdade e infidelidade a Cristo, e a outra, o pecado impenitente".[5]

O Cristo que ascendeu enriqueceu a Igreja com dons espirituais apropriados para capacitá-la a cumprir Seu propósito eterno. Mas, mesmo em seus "dias dourados", alguns

---

[5] Speer, Paul, *The All-round Man* (Paulo, o homem versátil), 65.

desses dons estavam sendo mal-usados. Isso foi motivo para as instruções de Paulo em 1 Coríntios 12–14 que trata sobre o exercício digno de tais dons. Ele enfatizou que o propósito dos dons era para a edificação da Igreja e não para o engrandecimento do possuidor. Dessa forma, a falta de amor genuíno inevitavelmente neutralizaria sua eficácia.

O apóstolo Paulo tinha uma visão ampla para a Igreja. Ele a visualizava como o foco central de adoração e testemunho, de aconselhamento e ensinamento, de exortação e encorajamento, e de treinamento para o serviço.

A *questão da disciplina na Igreja*

Para o líder cristão, uma das responsabilidades indesejadas é o ato de exercer uma disciplina espiritual. Às vezes é necessário exercer uma disciplina amável e restauradora para manter os padrões das Escrituras e um saudável vigor, moral e espiritual, em uma igreja ou outra organização cristã. Isso ocorre principalmente quando envolve erro doutrinário ou falha moral. Em todas as suas cartas, Paulo encorajava e exemplificava a prática e exercício de tal disciplina.

Entretanto, vale destacar a ênfase especial que ele dava ao espírito em que a disciplina é feita. Tratamento severo e sem amor simplesmente aliena o ofensor, e esse não é o objetivo da ação. Paulo escreveu: "Observem quem se recusa a obedecer àquilo que lhes digo nesta carta. Afastem-se dele, para que se sinta envergonhado. *Não o considerem como inimigo, mas advirtam-no como a um irmão*" (2 Tessalonicenses 3:14-15 – ênfase adicionada).

Liderança Bíblica

No caso daquele que "causou tristeza", os coríntios foram exortados a "perdoar-lhe e confortá-lo, para que não seja o mesmo consumido por excessiva tristeza. Pelo que vos rogo que *confirmeis para com ele o vosso amor*" (2 Coríntios 2:5,7-8 – ênfase adicionada).

O que os líderes devem fazer quando alguém é vencido pelo pecado? "Irmãos, se alguém for vencido por algum pecado, vocês que são guiados pelo Espírito devem, com mansidão, ajudá-lo a voltar ao caminho certo. E cada um cuide para não ser tentado" (Gálatas 6:1). O amor é *indispensável* em um ministério de restauração. A melhor pessoa para lidar amorosamente, mas firmemente, com o ofensor é aquela que enfrentou e honestamente lidou com seus próprios pecados e fracassos. Um espírito de mansidão alcançará mais resultados positivos do que a atitude de julgamento.

Tanto a Bíblia como a experiência concordam que, em qualquer ação disciplinar, os seguintes fatores devem ser muito bem equilibrados:

1. A ação deve ser tomada somente após ter sido feito um exame completo e imparcial de todos os fatos. Aqui se aplicaria a máxima legal — "Nunca aceite uma declaração somente de uma das partes".
2. O amor genuíno deveria ser a motivação da disciplina, e qualquer ação deve ser conduzida com a maior consideração possível.
3. A disciplina deve ocorrer somente quando está evidente que é para o bem do indivíduo e do trabalho.
4. A disciplina só deve ser exercida com muita oração.

5. O objetivo supremo da disciplina deve ser a ajuda espiritual e restauração da pessoa em questão.

Qual é nossa responsabilidade cívica?

No mundo confuso e revolucionário de hoje, a questão da responsabilidade cívica está cada vez mais em proeminência. Muitos cristãos são compelidos a repensar e a redefinir suas próprias posições à luz das condições prevalecentes. Aqui, também, Paulo nos dá uma clara direção.

Vivendo como ele viveu, em um regime totalitário sob a jurisdição do corrupto Félix e do monstruoso Nero, Paulo quase poderia ser desculpado se tivesse tido uma visão preconceituosa da política e do governo civil. Contudo, ele advogou fortemente obediência à autoridade constituída, seja ela boa ou má.

Ao escrever aos romanos, Paulo apresentou fortes razões para sua atitude: "Todos devem sujeitar-se às autoridades, pois toda autoridade vem de Deus, e aqueles que ocupam cargos de autoridade foram ali colocados por ele. Portanto, quem se rebela contra a autoridade se rebela contra o Deus que a instituiu e será punido. Pois as autoridades não causam temor naqueles que fazem o que é certo, mas sim nos que fazem o que é errado. Você deseja viver livre do medo das autoridades? Faça o que é certo, e elas o honrarão" (Romanos 13:1-3). Ele exortou a Tito igualmente — "Lembre a todos que se sujeitem ao governo e às autoridades. Devem ser obedientes e sempre prontos a fazer o que é bom. Não devem caluniar ninguém, mas evitar brigas. Que sejam amáveis e mostrem a todos verdadeira humildade" (Tito 3:1-2).

A grande sabedoria desse conselho considerou que os compatriotas de Paulo em Roma eram um grupo volúvel e inflamável cujas atividades em oposição ao sistema, se atribuídas aos cristãos, teriam resultados terríveis. Na verdade, isso ocorreu quando Roma foi incendiada — os cristãos eram totalmente inocentes, mas sofreram fortes perseguições.

Apesar de ser tratado injustamente pelas autoridades em diversas ocasiões, Paulo não encorajou a resistência passiva nem a ação direta. Os cidadãos cristãos deviam cumprir seus deveres civis, pagar impostos e respeitar as autoridades. "Deem a cada um o que lhe é devido: paguem os impostos e tributos àqueles que os recolhem e honrem e respeitem as autoridades" (Romanos 13:7).

Mais do que isso, os cristãos tinham responsabilidade espiritual de orar por seus governantes. "Em primeiro lugar, recomendo que sejam feitas petições, orações, intercessões e ações de graça em favor de todos, em favor dos reis e de todos que exercem autoridade, para que tenhamos uma vida pacífica e tranquila, caracterizada por devoção e dignidade" (1 Timóteo 2:1-2). Não importa se os governantes são dignos de respeito ou não. Pelo contrário, quanto mais indignos são, maior é a necessidade de oração. Um apelo a Deus em favor de nossos governantes pode fazer uma verdadeira diferença no mundo e em nós mesmos.

A cidadania romana de Paulo era um privilégio civil, mas ele nem sempre utilizava em seus próprios interesses as vantagens que ela lhe conferia. Porém, quando era necessária para seu ministério, Paulo não hesitava em reivindicar seus direitos. Sua experiência em Filipos é um desses casos. Isso ocorreu na cadeia depois de uma sessão de louvor à meia-noite e da subsequente conversão do carcereiro.

"Na manhã seguinte, os magistrados mandaram os guardas ordenarem ao carcereiro: 'Solte estes homens!'. Então o carcereiro mandou dizer a Paulo: 'Os magistrados disseram que você e Silas estão livres. Vão em paz'. Paulo, no entanto, respondeu: 'Eles nos açoitaram publicamente sem julgamento e nos colocaram na prisão, e nós somos cidadãos romanos. Agora querem que vamos embora às escondidas? De maneira nenhuma! Que venham eles mesmos e nos soltem'. Os guardas relataram isso aos magistrados, que ficaram assustados por saber que Paulo e Silas eram cidadãos romanos. Foram até a prisão e lhes pediram desculpas. Então os trouxeram para fora e suplicaram que deixassem a cidade" (Atos 16:35-39).

Defendendo seu direito dessa forma, Paulo indicava que sua maior preocupação era proteger os futuros interesses da Igreja. Sua ação facilitou a vida dos cristãos nos dias subsequentes. As autoridades seriam muito mais cautelosas depois dessa humilhante experiência.

Embora Paulo alegremente se submetesse a ser preso, açoitado e jogado em uma prisão quando tudo poderia ser evitado por uma palavra, não podemos deixar de admirar a coragem moral, a decisão calma e o julgamento correto que demonstrou na afirmação serena de seus direitos legais, principalmente quando era útil para ele e para outros. Isso é o suficiente para demonstrar que ele estava longe de interpretar com fanatismo ou muito rigor o princípio de não-resistência de nosso Salvador (Mateus 5:39), o qual, como muitos outros preceitos do mesmo discurso, ensina-nos o que devemos estar dispostos a suportar em caso extremo, mas sem renunciar ao direito e do dever de determinar quando um caso assim ocorrer.[6] Esse princípio é ainda muito aplicável no trabalho missionário onde o missionário é um expatriado. Entretanto, Paulo não era masoquista e, quando nada significante estava em risco, evitava problemas e sofrimentos desnecessários, como vemos no capítulo 22 do livro de Atos: "Quando amarravam Paulo para açoitá-lo, ele disse ao oficial que estava ali: 'A lei permite açoitar um cidadão romano sem que ele tenha sido julgado?'" (v.25). Havia ocasiões, no entanto, quando ele se submetia ao açoitamento sem protestar (2 Coríntios 11:23-24), mas, no caso narrado em Atos 22, ele julgou que seu sofrimento não traria benefícios.

Mais tarde, ele se utilizou de seu direito para apelar a César, uma escolha que teve uma influência de longo alcance na trajetória futura da Igreja (Atos 25:8-12). Ele fez seu apelo porque viu "que havia chegado o tempo de determinar a situação do cristianismo perante a lei romana".

A voz da consciência

Uma consciência condenatória só traz prejuízos para um líder. Mais do que qualquer outro escritor do Novo Testamento, Paulo ensinou claramente sobre a função da consciência — um aspecto muito importante da verdade,

---

[6] Speer, *The Man Paul* (O homem Paulo), 107.

já que contribui tanto para o nosso bem-estar emocional. A ignorância da sua função ou a persistente desobediência às suas proposições podem acarretar sérias desordens espirituais. Necessário se faz, que o líder ou o conselheiro saiba tudo o que as Escrituras têm a dizer sobre o assunto. As referências contínuas de Paulo sobre sua consciência indicam a importância de seu funcionamento apropriado.

Consciência tem sido definida como o testemunho e julgamento da alma, os quais conferem aprovação ou desaprovação aos atos da vontade. Parece ser uma atividade especial do intelecto e das emoções, o que capacita uma pessoa a distinguir entre o bem e o mal: a perceber distinções morais. Paulo disse: "Por isso, procuro sempre manter a consciência limpa diante de Deus e dos homens" (Atos 24:16).

É essa aptidão que torna o pecado do homem culpável e o distingue dos animais. A palavra tem o sentido de "conhecimento adquirido em conjunto com outro" — neste caso, com Deus. Portanto, traz a ideia do homem ser testemunha em comunhão com Deus, a seu favor ou contra si mesmo, de acordo com própria avaliação de suas ações.

A consciência, no entanto, não é uma aptidão que possa ser executada. Ela não tem o poder de fazer o homem agir corretamente ou de cessar de agir erroneamente. Ela entrega seu veredicto, produz a emoção apropriada, mas deixa ao homem a decisão de agir à luz de seu julgamento sem nenhuma outra responsabilidade. É como um termômetro, o qual, embora detecte e indique a temperatura, nunca a provoca ou modifica. Quando obedecemos a nossa consciência, como já foi dito, vivemos nas bem-aventuranças.

Quando a desobedecemos, ela clama como João Batista: "É contra a lei..." (Mateus 14:4).

Uma *consciência condenatória* — Paulo listou os quatro estados progressivos da consciência que condena:

1. *Uma consciência fraca é doentia e demasiadamente exigente.* Paulo ilustrou isso em suas referências às comidas oferecidas aos ídolos.

No entanto, nem todos sabem disso. Alguns estão acostumados a pensar que os ídolos são de verdade, de modo que, ao comer alimentos oferecidos a eles, imaginam que estão adorando deuses de verdade, e sua consciência fraca é contaminada. Não obtemos a aprovação de Deus pelo que comemos. Não perdemos nada se não comemos, e se comemos, nada ganhamos. Contudo, tenham cuidado para que sua liberdade não leve outros de consciência mais fraca a tropeçarem [...]. E quando vocês pecam contra outros irmãos, incentivando-os a fazer algo que eles consideram errado, pecam contra Cristo (1 Coríntios 8:7-12).

A consciência dessa pessoa parece reagir com fidelidade de acordo ao seu próprio esclarecimento, como uma bússola com corrente magnética fraca, tende a vacilar. O resultado para quem a possui é estar em constante tormento com dúvidas concernentes à correção moral de uma ação, procurando não crer naquilo que a fé já lhe ensinou. Há, talvez, duas razões básicas para tal fraqueza: conhecimento imperfeito da Palavra e da vontade de Deus, e consequentemente uma fé imperfeita; ou um desejo que ainda não se rendeu e que produz ações cheias de hesitação. Para corrigi-las é preciso confrontá-las à luz das Escrituras, tomar a decisão que seja a melhor possível e resolutamente.

2. *Uma consciência fraca facilmente se degenera em uma consciência corrompida* (1 Coríntios 8:7). Se persistirmos em alguma ação contra a qual a consciência já protestou, corrompemo-la e evitamos seu fiel funcionamento, como o pó bloqueia o mecanismo delicado de um relógio, fazendo-o registrar a hora errada. Isso é especialmente verdadeiro na área da pureza moral. "Para os que são puros, tudo é puro. Mas, para os corruptos e descrentes, nada é puro, pois têm a mente e a consciência corrompidas" (Tito 1:15).

3. *Uma consciência que é negligenciada pode se tornar habitualmente má e culpada*, vindo a considerar o bem como mal e o mal como bem. Paulo falou sobre "nossa consciência culpada [ser] purificada" (Hebreus 10:22). Pois, se aquele que tem a consciência culpada está determinado a fazer o mal, sua voz interior de protesto se tornará cada vez mais débil à medida que o tempo passar.

4. *Desafiar a consciência habitualmente a reduz a uma completa insensibilidade*, fazendo-a parar de funcionar. "...indivíduos hipócritas e mentirosos, cuja consciência está morta" (1 Timóteo 4:2). Quando a consciência se torna cauterizada, não protesta mais; consequentemente nenhum apelo tem sucesso.

O vício é um monstro de assustadora aparência.
Para ser odiado, precisamos vê-lo em sua essência;
Porém visto com frequência, familiarizamo-nos,
Primeiro o suportamos, depois lamentamos,
por fim o abraçamos. —Alexander Pope

Paulo adverte que falhar em atender a voz da consciência pode acarretar sérias consequências. Precisamos nos apegar "à fé e [manter] a consciência limpa, pois alguns rejeitaram deliberadamente a consciência e, como resultado, a fé que tinham naufragou" (1 Timóteo 1:19). Uma *consciência louvável*. Uma consciência aprovada é um prêmio maior que de rubis. Tal consciência é fiel em elogiar o correto tanto quanto condenar o incorreto. "Amados, se a consciência não nos condena, podemos ir a Deus com total confiança" (1 João 3:21). Paulo lista quatro estados progressivos de consciência que cada crente deve buscar:

1. *Uma consciência limpa* é importante para o crescimento espiritual. "Devem ser comprometidos com o segredo da fé e viver com a consciência limpa" (1 Timóteo 3:9). "Dou graças por você ao Deus que sirvo com a consciência limpa, como o serviram meus antepassados" (2 Timóteo 1:3). Uma consciência limpa ou pura é intensamente sensível à aproximação do mal. É mantida espiritualmente limpa através da nossa completa obediência em submeter nossa conduta aos esclarecimentos que advêm da Palavra de Deus.

2. *Uma boa consciência* é o bem que alguém possui ao aceitar os preceitos de justiça em todas as coisas. "O alvo de minha instrução é o amor que vem de um coração puro, de uma consciência limpa e de uma fé sincera" (1 Timóteo 1:5). Precisamos nos ancorar na fé e manter "a consciência limpa" (1 Timóteo 1:19). A repreensão de uma boa consciência deve ser bem-vinda e obedecida.

3. *Uma consciência livre de culpa* é essencialmente importante para um cristão. "Por isso, procuro sempre manter a consciência limpa diante de Deus e dos homens"

(Atos 24:16). Esse é o estado feliz no qual nenhuma "voz" acusadora abala a paz com Deus, ou frustra os relacionamentos com as pessoas. Perder essa serenidade e tranquilidade do coração por uma breve gratificação é um preço muito alto a pagar.

4. *Uma consciência aperfeiçoada*, através da purificação do sangue de Cristo, é uma necessidade espiritual. "Essa é uma ilustração que aponta para o tempo presente, pois as ofertas e os sacrifícios que os sacerdotes apresentam não podem criar no adorador uma consciência totalmente limpa" (Hebreus 9:9). "...o sangue de Cristo purificará nossa consciência" (Hebreus 9:14).

A consciência não tem a cura para suas próprias doenças. Portanto, devemos nos apropriar pessoalmente da provisão feita no sangue de Cristo, se quisermos gozar de paz com Deus.

A consciência não é infalível, em vez disso é um instrumento variável que fielmente reage aos próprios padrões estabelecidos. No passado, a consciência de um hindu pode ter protestado em voz alta contra o ato de matar uma vaca e, ao mesmo tempo, não protestar contra queimar uma viúva em uma pira funerária. É uma questão de valores aos quais a consciência reage. A consciência interior daqueles que conduziram a Inquisição aprovou suas ações, mas isso não os justificou.

O delicado mecanismo da consciência foi desequilibrado no momento da Queda do homem. Toda consciência agora precisa de ajuste e funcionará corretamente somente quando for ajustada de acordo com os padrões das Escrituras. Paulo declarou que isso exigiu vigoroso esforço moral de sua parte.

"Por isso, procuro sempre manter a consciência limpa diante de Deus e dos homens" (Atos 24:16).

O próprio Paulo, antes cego pelo preconceito e fanatismo, reagira a uma consciência que não se conciliava adequadamente às Escrituras. Porém, arrependeu-se amargamente ao abrir os olhos à verdadeira natureza das ações aprovadas anteriormente por sua consciência.

A pessoa que está atormentada por uma consciência condenatória deveria lembrar que *com arrependimento verdadeiro* o pior dos pecados pode ser perdoado, livrando imediata e completamente a consciência. O Espírito Santo, que tem prazer em aplicar o efeito purificador do sangue de Cristo à consciência danificada e modificada pela fé, também se compraz em capacitar o crente a andar obedientemente com a consciência livre de culpa.

A realidade da guerra espiritual

O líder que ignora a atuação de nosso inimigo invisível, o diabo, não estudou seriamente os ensinamentos de Paulo neste assunto. Há um provérbio chinês que diz: "Conheça seu inimigo; e em cada cem batalhas você o vencerá cem vezes". Nenhum líder pode se permitir ser ignorante no que se refere ao seu inimigo.

A passagem clássica sobre a guerra espiritual do crente contra Satanás e os poderes das trevas foi escrita pelo apóstolo (Efésios 6:10-18). Líder perspicaz, Paulo mantinha-se alerta à necessidade de doutrinar seus seguidores em relação aos inimigos que encontrariam. Ele os instruiu no propósito e na inevitabilidade da guerra espiritual e sobre o caminho da vitória. Para Paulo, o diabo não era uma invenção causada pela imaginação fértil, mas um astuto e experiente antagonista. O apóstolo era sábio demais para subestimar o valor de seus oponentes. Ele teria aprovado a argumentação de Victor Hugo de que um bom general deve penetrar o cérebro de seu inimigo. Os versículos seguintes demonstram que Paulo tinha feito sua pesquisa sobre o inimigo "pois conhecemos seus planos malignos" (2 Coríntios 2:11).

"Até mesmo Satanás se disfarça de anjo de luz"
(2 Coríntios 11:14).

"...nos quais costumavam viver, [...], obedecendo ao comandante dos poderes do mundo invisível. Ele é o espírito que opera no coração dos que se recusam a obedecer" (Efésios 2:2).

"Esse homem virá para realizar o trabalho de Satanás, com poder, sinais e falsas maravilha"
(2 Tessalonicenses 2:9).

"O deus deste mundo cegou a mente dos que não creem" (2 Coríntios 4:4).

"E eu o livrarei tanto de seu povo como dos gentios. Sim, eu o envio aos gentios para abrir os olhos deles a fim de que se voltem das trevas para a luz, e do poder de Satanás para Deus" (Atos 26:17-18).

Paulo ensinou com consistência que o cristão inevitavelmente enfrentaria, em sua caminhada e testemunho, o ódio implacável e a oposição de ambos: o mundo e as forças espirituais das trevas. "Pois nós não lutamos contra inimigos de carne e sangue, mas contra governantes e autoridades do mundo invisível, contra grandes poderes neste mundo de trevas e contra espíritos malignos nas esferas celestiais" (Efésios 6:12). Paulo acreditava que forças malignas invisíveis governam uma boa parte do mundo e que esses poderes sobrenaturais poderiam ser vencidos somente pelo uso de armas sobrenaturais, que ele mesmo empregava. Ele provou ser um líder sábio e valente nessa guerra espiritual.

O poder de Satanás não é inato, mas concedido. No entanto, seu poder é limitado, ele é mais do que apenas concorrente para o cristão mais forte. Paulo reconheceu que Deus concedeu algum controle a Satanás como o "...comandante dos poderes do mundo invisível" (Efésios 2:2). Ele também mostrou que nessa guerra não pode haver um pacifista.

É verdade que a guerra é espiritual, porém extremamente real. É uma luta, uma disputa. Nossos inimigos vão contestar o propósito eterno de Deus em todos os pontos, mas o Senhor está contando com nossa cooperação. Neste último século de história do mundo, estamos vendo o cumprimento de Apocalipse 12: "Sobre a terra e o mar, porém, virá terror, pois o diabo desceu até vocês com grande fúria, sabendo que lhe resta pouco tempo" (v.12). Ele sabe que a vitória de Cristo significa o fim de seu domínio, por isso está resistindo desesperadamente para protelar sua derrota final.

A estratégia de Deus é para que todos os crentes resistam e se firmem na posição privilegiada e segura na qual Ele nos colocou. "Pois ele nos ressuscitou com Cristo e nos fez sentar com ele nos domínios celestiais, porque agora estamos em Cristo Jesus" (Efésios 2:6). Nossa responsabilidade espiritual é "permanecer firmes", continuar "de pé e firmes" e manter nossa "posição" (Efésios 6:11,13-14). O plano de Satanás é deslocar o cristão dessa posição, levando-o a esferas inferiores, e fazendo-o esquecer de sua posição privilegiada "nos domínios celestiais". O enganador tenta induzir o cristão a lutar com armas carnais. Mas Paulo adverte que a guerra espiritual não é travada da mesma forma que outras guerras. "Usamos as armas poderosas de Deus, e não as armas do mundo, para derrubar as fortalezas do raciocínio humano e acabar com os falsos argumentos" (2 Coríntios 10:4). Uma baioneta seria uma arma inútil contra uma bomba de hidrogênio! O fato de ser uma batalha espiritual determina a natureza das armas.

Acostumado a ser algemado a um soldado, Paulo tornou-se bem consciente da natureza e propósito da armadura. Ele estava profundamente preocupado que seus seguidores não entrassem na guerra indefesos. Por isso ele utilizou a figura do soldado armado, aconselhando todos os cristãos a se apropriarem do poder e da força divina que Deus tem graciosamente providenciado. "Uma palavra final: Sejam fortes no Senhor e em seu grande poder" (Efésios 6:10). É importante que o guerreiro cristão se revista *de toda a armadura de Deus*. Omitir-se em colocar uma das partes da armadura deixaria exposto um calcanhar de Aquiles.

Porque o diabo foi mentiroso desde o início, o combatente deve colocar "*o cinto da verdade*" (6:14) em sua cintura. Como o cinto do soldado envolve sua cintura, prendendo todas as outras partes da armadura em seu lugar, assim a verdade de Deus deve circundar, uniformizar e recobrir toda sua vida.

A função da couraça era proteger os órgãos vitais. O soldado cristão deve vestir "*a couraça da justiça*" (6:14). Cristo fornece a justiça que deve ser parte de nossa própria vida. Devemos nos revestir da integridade como armadura.

Na guerra, é importante que cada soldado esteja bem calçado, ou então será incapaz de firmar-se. Assim, o cristão deve *calçar os pés com "a paz das boas-novas"* (6:15). Ele deve estar preparado e em prontidão para correr anunciando o evangelho.

Toda extensão do corpo de um soldado era protegida por um longo e grande escudo de couro, saturado em água antes da batalha. O soldado tinha que manter esse escudo no lugar correto. Paulo aconselhou o soldado cristão: "Em todas as situações, *levantem o escudo da fé*, para deter as flechas de fogo do maligno" (6:16 – ênfase adicionada). Os dardos do inimigo, cujas pontas são flamejantes, seriam extinguidas ao atingir essa proteção umedecida.

As flechas do diabo podem transformar-se em temores irracionais, ou em ataques repentinos e inesperados, principalmente no estado mental. A prática de uma fé viva, confiante em nosso vitorioso Salvador e a inteligente aplicação da Palavra de Deus extinguem as chamas da tentação com eficácia.

"*Usem a salvação como capacete*" (6:17). O capacete é a última parte da armadura defensiva mencionada por Paulo, usada para proteger a cabeça. A mente desprotegida é uma presa fácil para as seduções de Satanás. Se deixarmos nossa mente abandonada e não cultivada, convidaremos o inimigo para plantar ervas daninhas. Satanás procura controlar a mente, porque ela controla todo o restante. A trágica condição em que o mundo hoje se encontra é um testemunho silencioso do sucesso de suas investidas.

O capacete tem a ver com nossa esperança. O apóstolo escreveu que devemos usar "o capacete da esperança da salvação" (1 Tessalonicenses 5:8). A salvação em Cristo nos traz esperança num mundo sem esperança. Podemos ter a mesma certeza que Deus tem, de que há vitória para nós (1 Coríntios 15:57).

"A *espada do Espírito*, que é a Palavra de Deus" (6:17) é tanto para defesa como para ataque. Foi a arma principal usada pelo nosso Senhor em Seu memorável embate contra o diabo no deserto. Ela provou ser tremendamente eficaz porque Jesus sabia manejá-la com habilidade. É responsabilidade do soldado espiritual conhecer a Palavra de Deus profundamente, saturando sua mente com ela, para que o Espírito Santo possa trazer à memória a verdade que deve ser utilizada como arma poderosa no momento de necessidade.

Há uma conexão evidente entre a espada do Espírito e as armas de comunicação: "Orem no Espírito em todos os momentos e ocasiões. Permaneçam atentos e sejam persistentes em suas orações" (6:18). A batalha pela mente e alma dos homens é disputada e vencida principalmente em oração. Devemos lutar com *todos os tipos de oração*, e cada oração deve ser *com súplica*, pois esta é a guerra total na qual não existe trégua.

Portanto, vemos que o propósito de "toda armadura de Deus" é nos capacitar a permanecermos firmes durante os tempos de luta e, após fazermos tudo que devemos, permanecermos vitoriosos sobre todos os nossos inimigos.

Avante, avante, ó crentes,
Soldados de Jesus!
Erguei seu estandarte,
Lutai por sua cruz!
Contra hostes inimigas,
Ante essas multidões,
O Comandante excelso
Dirige os batalhões.

Avante, avante, ó crentes,
Por Cristo pelejai!
Vesti Sua armadura,
Em Seu poder marchai!
No posto sempre achados,
Velando em oração,
Em meio de perigos
Seguindo o Capitão!

Avante, avante, ó crentes,
Com passo triunfal!
Hoje há combate horrendo,
Mui cedo, a paz final!
Então, eternamente,
Bendito o vencedor,
Por Deus em vitória,
Com Cristo, o Salvador!

—Charles Wesley (Louvor e Adoração, 274)

10

Questões difíceis

Preferimos suportar qualquer coisa a fim de não sermos obstáculo para as boas-novas a respeito de Cristo.

—1 Coríntios 9:12

Como cristãos todos nós temos que decidir, em alguns momentos, se determinado curso de ação está certo ou errado. Às vezes o problema não é nosso, e em outras somos solicitados a aconselhar ou orientar outros. Paulo nos deixou por escrito diretrizes úteis para as "áreas nebulosas" e particularmente difíceis da vida cristã.

Alguns interpretam a declaração de Paulo que "uma vez que a graça nos libertou da lei" (Romanos 6:15), como uma indicação que, sob domínio propiciador da graça, não há espaço para proibições e tabus da Lei mosaica. Porém isso está longe de ser verdade. Paulo ensina claramente que não estamos sob a lei como *meio de nossa justificação*, mas isso não significa que podemos ficar sem lei, pois estamos debaixo da lei de Cristo, atados por um novo e igualmente poderoso vínculo.

É um fato notável que cada um dos mandamentos no Decálogo — exceto de forma significativa, a lei em relação ao sábado — é repetido no Novo Testamento. Na verdade, são repetidos em sentido ainda mais amplo. Por exemplo, nosso Senhor disse: "Vocês ouviram o que foi dito: 'Não cometa adultério'. Eu, porém, lhes digo que quem olhar para uma mulher com cobiça já cometeu adultério com ela em seu coração" (Mateus 5:27-28).

Estamos agora debaixo da lei de Cristo, unidos pelos laços do amor para uma nova maneira de vida. O poder da Nova Aliança encontra-se em um fato espiritual único: antes de estabelecer um novo conjunto de regras e regulamentos, ela enumera princípios que, quando aplicados corretamente, cobrem todos os casos. As demandas inexoráveis "Não deverás... não poderás" são substituídas por bondosas promessas divinas — "Eu farei... Eu direi" (Hebreus 8:10-12).

Muitas inquietações concernentes a difíceis áreas da vida cristã podem ser eliminadas, quase automaticamente, através de perguntas e respostas às seguintes questões:

1. *É proveitoso e útil?* Paulo escreve: "'Tudo é permitido', mas nem tudo convém" (1 Coríntios 10:23). Assim, em áreas de grande preocupação e incerteza, é importante considerar as seguintes perguntas: Se agir assim, serei um cristão melhor e

mais maduro? Fará minha vida ser mais proveitosa a Deus e aos meus semelhantes?

2. *É edificante?* Esta atividade específica edificará e fortalecerá a Igreja? Paulo nos diz: "'Tudo é permitido', mas nem tudo traz benefícios" (1 Coríntios 10:23). Embora muitas atividades possam ser legítimas, nem todas são iguais em valor. Portanto devo perguntar-me: esta conduta edificará meu caráter cristão? Ela me equipará na tarefa de edificar a Igreja?

3. *Tende a me escravizar?* Paulo declara: "'Tudo me é permitido', mas não devo me tornar escravo de nada" (1 Coríntios 6:12). Mesmo coisas legítimas em si mesmas podem exercer uma influência inadequada, ocupando muito de nosso tempo, impedindo-nos de receber o melhor de Deus. Uma quantia imprópria de leitura secular ou tempo excessivo em frente à televisão, por exemplo, poderá diminuir nosso desejo pela Palavra de Deus. Temos que escolher nossas prioridades cuidadosamente, mesmo em áreas permitidas.

4. *Vai me fortalecer contra a tentação?* Não há razão para orar "não nos deixes cair em tentação" (Mateus 6:13) se voluntariamente a procurarmos. Qualquer coisa que faça o pecado parecer menos culpável ou mais fácil de ser cometido deve ser rejeitado imediata e resolutamente.

Esse princípio não se aplica simplesmente a coisas que são lascivas ou vulgares. Algumas coisas podem ser intelectuais e bonitas, mas, se nossa busca por elas escurece nossa visão espiritual ou impede nossa corrida, serão obstáculos que devem ser deixados de lado. "...livremo-nos de todo peso" (Hebreus 12:1).

Embora naqueles dias o cenário fosse diferente, os problemas que os cristãos em Roma enfrentavam não diferem essencialmente, daqueles com os quais nos deparamos hoje. O conselho de Paulo nessas questões é estranhamente contemporâneo. Se aceitarmos e agirmos segundo os princípios que ele enunciou, descobriremos uma nova e alegre liberdade:

1. *Liberdade de ação em áreas que não estão bem definidas.* "...um irmão crê que não é errado comer qualquer coisa. Outro, porém, que é mais fraco, come somente legumes e verduras. Quem se sente à vontade para comer de tudo não deve desprezar quem não o faz. E quem não come certos alimentos não deve condenar quem o faz, pois Deus os aceitou" (Romanos 14:2-3). O problema em discussão nessa passagem é a comida oferecida a ídolos. Paulo destacou que um cristão bem orientado não considera que existe qualquer realidade espiritual em um ídolo; portanto esse crente maduro sente-se livre para comer alimento que tenha sido oferecido ao ídolo. Mas, para alguém que é fraco na fé, é uma pedra de tropeço.

Como nenhuma doutrina vital estava em jogo, Paulo clamou por tolerância nesses tipos de situações com significativo potencial para atrito. Dentro da igreja, em questões que não são claramente errôneas ou aquelas que são simplesmente culturais, há espaço para diferenças genuínas de opinião, e devemos assegurar o direito de nosso irmão de manter opiniões contrárias às nossas.

2. *O direito à convicção pessoal.* "Da mesma forma, há quem considere um dia mais sagrado que outro, enquanto outros acreditam que todos os dias são iguais. Cada um deve estar plenamente convicto do que faz" (Romanos 14:5).

É fácil ser como o camaleão, mudar nossa cor teológica para adequar-se à nossa companhia. É fácil ser levado

Questões difíceis

por uma preferência doutrinária ou preconceito em vez de ser influenciado pelo claro ensinamento das Escrituras. Paulo nos instrui a termos convicções claras que são adequadamente baseadas na Bíblia e a não permitirmos que nossas decisões ou condutas sejam ditadas por outra pessoa. Temos que viver com as consequências de nossas decisões, então devemos ter certeza que são baseadas em sólidas convicções bíblicas.

3. *Responsabilidade final somente a Deus.* Paulo pergunta: "Quem são vocês para condenar os servos de outra pessoa? O senhor deles julgará se estão em pé ou se caíram..." e na sequência o apóstolo complementa: "Assim, cada um de nós será responsável por sua vida diante de Deus" (Romanos 14:4,12). Por sermos todos integrantes da sociedade, temos certas responsabilidades. Mas, no final das contas, temos a responsabilidade de respondermos unicamente a Deus.

Somente Deus é nosso Mestre; ninguém mais pode reivindicar para si próprio os direitos da Sua soberania sobre nós. A certeza de que todos os cristãos enfrentarão o trono do julgamento deve influenciar profundamente nossa conduta. "Então por que você julga outro irmão? Por que o despreza?", Paulo pergunta. "Lembre-se de que todos nós compareceremos diante do tribunal de Deus" (Romanos 14:10).

4. *Ausência de espírito crítico.* Não é nossa prerrogativa criticar ou julgar as ações de nosso irmão; esse direito pertence a Deus somente. "Portanto, deixemos de julgar uns aos outros. Em vez disso, resolvam viver de modo a nunca fazer um irmão tropeçar e cair" (Romanos 14:13). No último dia, seremos julgados por Ele, não uns pelos outros. Assim, devemos sempre garantir aos outros o mesmo nível

de equidade e sinceridade que queremos que eles tenham conosco.

5. *Temperança em relação aos interesses dos outros.* Não devemos viver somente para os nossos próprios prazeres, absorvidos exclusivamente em nossos próprios interesses. Devemos considerar seriamente os possíveis efeitos de nossa vida nos outros. Portanto, "É melhor deixar de comer carne, ou de beber vinho, ou de fazer qualquer outra coisa que leve um irmão a tropeçar" (Romanos 14:21).

A liberdade que alguns cristãos reivindicam para beber com moderação ou socialmente tem motivado a queda do irmão mais fraco que não tem a mesma força de vontade. É nossa responsabilidade limitar voluntariamente nossa legítima diversão no interesse dos irmãos e irmãs mais fracos. "Nós que somos fortes devemos ter consideração pelos fracos, e não agradar a nós mesmos" (Romanos 15:1).

6. *Abstinência dos elementos com legitimidade duvidosa.* O próprio fato de termos dúvidas a respeito de algo indica que a prática em questão é duvidosa. Todas as nossas ações devem ter a segurança positiva da fé. "Felizes são aqueles que não se sentem culpados por fazer algo que consideram correto. Mas, se você tem dúvidas quanto ao que deve ou não comer, será culpado se comer, pois vai contra suas convicções. Se faz qualquer coisa sem convicção, está pecando" (Romanos 14:22-23). A presença de dúvida contínua deve ser considerada um alerta para adiar a ação até que surjam mais esclarecimentos. Por meio da oração e do estudo significativo das Escrituras, o Espírito Santo ou removerá a dúvida, ou dará a convicção de que essa ação não é a vontade de Deus.

Por outro lado, nosso problema pode ser uma consciência fraca ou mal orientada que precisa ser instruída pela Palavra de Deus. É muito possível que, como resultado de nossa experiência de vida e associações passadas, ou devido à tradição, ou preconceito, tenhamos dúvidas sobre coisas que a Bíblia não condena. Em tais questões devemos depender do ministério misericordioso do Espírito Santo para nos guiar em toda verdade (João 16:13).

Como lidar com o dinheiro

Paulo preservou para nós uma declaração importantíssima de nosso Senhor — o próprio Jesus disse: "Há bênção maior em dar que em receber" (Atos 20:35). Pode-se dizer, com segurança, que o próprio Paulo se qualificou para a bem-aventurança que recomendou.

Em nenhuma área o apóstolo exerceu um cuidado mais meticuloso do que na sensível área das finanças. Nessa questão ele estabeleceu um exemplo importante para o líder cristão. Provavelmente mais líderes têm perdido poder espiritual devido a atitudes erradas ao lidar com o dinheiro do que por qualquer outra causa específica.

Nosso Senhor deu muita importância ao dinheiro em Seu ensino. De uma forma ou outra, o assunto é mencionado em um versículo a cada seis nos evangelhos sinóticos (Mateus, Marcos e Lucas) e em 16 de suas 38 parábolas. Dessa forma Jesus Cristo reconheceu que o dinheiro é uma das realidades centrais da vida, desde o berço até o túmulo. É um dos assuntos mais presentes nas conversas e um dos mais almejados objetos de conquista. Ninguém pode manter-se neutro quanto ao dinheiro.

Paulo estava bem ciente desse problema generalizado, e por isso era cuidadoso em sua conduta financeira e em sua mordomia. Para remover das novas igrejas o custo por seu sustento, ele ganhava seu próprio dinheiro para viver e às vezes ajudava seus colegas também. Ele era "financeiramente isento de culpa", estabelecendo um nobre exemplo de generosidade.

Paulo declarou sua filosofia financeira em 1 Timóteo 6:5-10, quando critica os que "têm a mente corrompida e deram as costas à verdade. Para elas, a vida de devoção é apenas uma forma de enriquecer. No entanto, a devoção acompanhada de contentamento é, em si mesma, grande riqueza. Afinal, não trouxemos nada conosco quando viemos ao mundo, e nada levaremos quando o deixarmos. Portanto, se temos alimento e roupa, estejamos contentes. Mas aqueles que desejam enriquecer caem em tentações e armadilhas e em muitos desejos tolos e nocivos, que os levam à ruína e destruição. Pois o amor ao dinheiro é a raiz de todo mal. E alguns, por tanto desejarem dinheiro, desviaram-se da fé e afligiram a si mesmos com muitos sofrimentos".

Infelizmente, isso é uma descrição biográfica de muitos cristãos, incluindo líderes. Por esse motivo, Paulo advertiu o jovem pastor Timóteo, que estava prestes a assumir sua nova tarefa, a tomar cuidado com possíveis problemas monetários.

Paulo evitava assumir muita responsabilidade pessoal nas questões financeiras das primeiras igrejas. Quando os cristãos de Corinto coletaram dinheiro para seus amigos que tinham necessidades em Jerusalém, ele não assumiu a responsabilidade por receber a doação. Sentia que os doadores mesmos deveriam ser os portadores da doação para os necessitados, e dessa maneira ele estaria a salvo de qualquer suspeita de desonestidade financeira.

O apóstolo encorajava a doação sistemática e proporcional. Ele aconselhou os coríntios: "No primeiro dia de cada semana, separem uma parte de sua renda. Não esperem até que eu chegue para então coletar tudo de uma vez. Quando eu chegar, entregarei cartas de recomendação aos mensageiros que vocês escolherem para levar sua oferta a Jerusalém. E, se for conveniente que eu também vá, eles viajarão comigo" (1 Coríntios 16:2-4).

Esse procedimento mostra a verdadeira inteligência, pois, em igrejas novas e em desenvolvimento em áreas mais pobres, a mordomia do dinheiro coletado muitas vezes parece ser uma tentação real para aquele com a responsabilidade financeira. Por essa razão, é sempre sábio ter mais de uma pessoa envolvida na contagem e administração do dinheiro.

Ao estimular a igreja de Corinto a uma maior generosidade, Paulo citou a infinita generosidade daquele que, por nós, se tornou pobre (2 Coríntios 8:9) e a liberalidade superabundante dos pobres da igreja da Macedônia: "Elas têm sido provadas com muitas aflições, mas sua grande alegria e extrema pobreza transbordaram em rica generosidade. Posso testemunhar que deram não apenas o que podiam, mas muito além disso, e o fizeram por iniciativa própria. Eles nos suplicaram repetidamente o privilégio de participar da oferta ao povo santo. Fizeram até mais do que esperávamos, pois seu primeiro passo foi entregar-se ao Senhor e a nós, como era desejo de Deus" (2 Coríntios 8:2-5).

Aqui temos uma forma única de angariar fundos, na qual os doadores imploram pela oportunidade de doar à causa (compare Êxodo 35)! Os macedônios demonstraram claramente que é melhor dar do que receber.

Conhecendo a vontade de Deus

Não existe nenhuma outra área na qual se requer de um líder maior sabedoria espiritual do que na esfera de orientação espiritual — discernindo a vontade e a direção de Deus em qualquer situação. Aqueles que não são líderes podem pensar que maior experiência e uma caminhada mais longa com Deus inevitavelmente resultam em maior facilidade para discernir a Sua vontade em situações confusas. Isso nem sempre é verdadeiro.

Parece que o método de Deus é, geralmente, o contrário, abandonar mais e mais ao julgamento espiritual do líder e fornecer ainda menos evidências tangíveis de Sua orientação do que em anos anteriores. A dificuldade para receber uma orientação clara pode somar-se às muitas pressões suplementares de qualquer cargo de responsabilidade. A experiência de Paulo nos oferece algumas lições sobre orientação que são extremamente valiosas.

Embora Paulo tenha respondido imediatamente ao chamado de Deus na estrada de Damasco, sua carreira como missionário não teve início até que tivesse trabalhado por dez ou onze anos com a igreja em Antioquia.

Enquanto os líderes multirraciais da igreja "adoravam o Senhor e jejuavam, o Espírito Santo disse: 'Separem Barnabé e Saulo para realizarem o trabalho para o qual os chamei'" (Atos 13:2). Essa convocação divina marcou o verdadeiro início da carreira missionária de Paulo. Para seu espírito ardente, aqueles anos anteriores de preparação devem ter se arrastado vagarosamente. Por fim, ele estava livre para ir adiante, enviado para sua missão mundial.

Paulo não iniciou sua carreira missionária até que seu chamado pessoal — "para o qual os chamei", palavras do Espírito — fosse confirmado para a igreja local da qual fazia parte (em Antioquia), e então confirmada *por* eles. "Então, depois de mais jejuns e orações, impuseram as mãos sobre eles e os enviaram em sua missão" (Atos 13:3). Portanto, a orientação *corporativa* dos líderes da igreja confirmou a orientação *pessoal* de Paulo.

Dessa forma, a igreja de Antioquia estabeleceu um precedente que poderia servir muito bem como um modelo para as igrejas hoje. É de grande importância para ambos, igreja e missionário, se o chamado do indivíduo for confirmado pelos líderes de sua igreja mãe.

É interessante notar que, apesar de Paulo já estar excelentemente treinado, ainda assim serviu, por um período, com um obreiro mais experiente da igreja que o acompanhou não somente durante sua primeira etapa do serviço missionário, mas também em parte da segunda. Mas quem foi esse missionário sênior com o qual Paulo teve o privilégio de servir? Barnabé, "que significa 'Filho do encorajamento'" (Atos 4:36). Sem dúvida, esse homem piedoso de grande coração exerceu grande influência em Paulo durante aqueles anos de treinamento. E isso diz muito sobre Barnabé, pois ele não demonstrou qualquer traço de ressentimento ou ciúmes quando seu parceiro mais jovem passou à frente dele, assumindo a liderança da equipe, como seria inevitável mais cedo ou mais tarde.

Uma passagem das Escrituras que ilustra de forma muito útil o método de orientação de Deus é Atos 16:6-10. Para interpretar essa passagem, temos que lembrar que o chamado da Macedônia não deve ser considerado *um chamado missionário inicial*, mas, um método divino de redirecionamento para certas pessoas, que já haviam respondido ao chamado inicial, para uma área específica de adoração. Foi o Espírito Santo que escolheu o tempo e o lugar do serviço para Paulo e seus companheiros.

Dessa passagem aprendemos que Deus às vezes orienta através de advertências ou proibições interiores. "Em seguida, Paulo e Silas viajaram pela região da Frígia e da Galácia, pois o Espírito Santo os impediu de pregar a palavra na província da Ásia. Então, chegando à fronteira da Mísia, tentaram ir para o norte, em direção à Bitínia, mas o Espírito de Jesus não permitiu. Assim, seguiram viagem pela Mísia até o porto de Trôade" (Atos 16:6-8).

Ásia e Bitínia deveriam ouvir a palavra mais tarde, porém naquele momento a estratégia divina era para que as boas--novas viajassem para o oeste. Os ventos do Espírito sopravam na Europa, que, recentemente, se tornara "madura" para a ceifa. Paulo e sua equipe eram os privilegiados para iniciar a colheita.

Por ser espiritualmente sensível, Paulo correspondeu à restrição do Espírito e não deu razão à sua vontade. Em vez disso, ele desceu a Trôade para descobrir em oração e deliberação com seus companheiros a vontade de Deus sobre onde deveriam ir. Aquela pequena equipe mal sabia sobre as consequências mundiais que resultariam de sua decisão! A questão perante eles estava clara: voltar para casa ou ir adiante e cruzar o mar. Como poderiam saber qual era a vontade do Senhor? Deus não os deixou por muito tempo na dúvida. A orientação negativa das portas fechadas foi seguida por uma orientação positiva.

"Naquela noite, Paulo teve uma visão, na qual um homem da Macedônia em pé lhe suplicava: 'Venha para a Macedônia e ajude-nos!'" (16:9). Perceba que a visão veio a Paulo *depois* que ele tinha obedecido à Grande Comissão e que foi somente um elemento em sua orientação. Ele já havia completado sua tarefa e agora estava indo em busca dos que ainda não tinham ouvido a mensagem de salvação.

Mesmo após a visão, Paulo, como líder, foi cauteloso em verificar sua orientação com seus companheiros, incluindo-os em qualquer decisão que precisava ser feita. Após o apóstolo seguir todos esses passos, eles atingiram a mesma unidade espiritual. "Então decidimos partir de imediato para a Macedônia, concluindo que Deus nos havia chamado para anunciar ali as boas-novas" (16:10). A. T. Robertson vê nessa consulta mútua "uma boa ilustração do uso apropriado da razão em conjunto com a revelação, para decidir se a revelação é de Deus, para descobrir o que isso significa para nós e garantir que obedeçamos à essa revelação."[1]

---

[1] Robertson, A. T., *Word Pictures of the New Testament* (Representações das palavras do Novo Testamento), Nova Iorque: Harpers, 1930, 248.

Portanto, antes de dar o próximo passo, ele assegurou-se de que sua visão estava alinhada com a Palavra de Deus, testemunhada pelo Espírito Santo, de acordo com seus companheiros, aprovada por seu próprio julgamento. Esse sistema de controle e averiguação o poupou do arrependimento e desânimo quando mais tarde foi recepcionado com hostilidade e se viu com as costas sangrando na prisão em Filipos. Em vez de duvidar da validade da orientação que havia recebido quando as coisas pareciam estar erradas, ele e seus companheiros oraram e louvaram. Como o diabo podia derrotar tais homens?

Determinando nossos direitos

Um fator que contribuiu grandemente à estatura espiritual de Paulo e que abrilhantou seu dom de liderança era sua atitude em relação aos seus direitos. Em dias quando muito mais ênfase é dada a reivindicar direitos do que em cumprir obrigações, a atitude de Paulo traz uma saudável correção para os nossos dias. Se for exercer crescente influência, o líder deve ser muito criativo nessa área.

A primeira carta de Paulo à igreja de Corinto, expõe em parte, no capítulo 9, o segredo do ministério desse apóstolo em ganhar almas. Ele mencionou sete vezes seus direitos *no contexto do evangelho*. Esse fragmento da sua biografia traz uma mensagem poderosa para a pessoa que quer se tornar um líder e eficiente ganhador de almas.

Se alguém quer alcançar esses objetivos, é óbvio que primeiro deve alcançar vitória sobre as coisas *erradas* em sua vida. Mas nem todo obreiro cristão reconhece que esse processo pode acarretar a renúncia de coisas que em si são *legítimas*. Nesse empreendimento, Paulo estabeleceu um exemplo brilhante. Referindo-se ao seu direito de sustento pela igreja, ele declarou: "Preferimos suportar qualquer coisa a fim de não sermos obstáculo para as boas-novas a respeito de Cristo" (1 Coríntios 9:12). O homem apequenado é que *sempre* reivindica seus direitos.

Paulo reconheceu que, embora algumas coisas possam em si ser corretas, elas poderiam muito bem limitar seu ministério. Como vimos, ele escrevera anteriormente: "'Tudo me é permitido', mas nem tudo convém. 'Tudo me é permitido', mas não devo me tornar escravo de nada" (1 Coríntios 6:12). Mais adiante na mesma carta, ele escreve: "'Tudo é permitido', mas nem tudo traz benefícios" (10:23). Paulo sabia que era bem possível ceder aos gostos e apetites legítimos de um modo descontrolado, tornando-se escravo. Deve haver vitória na área do desejo legítimo, como também naquela do prazer ilegítimo.

Oswald Chambers mantinha seu estilo afiado — "Se estamos dispostos a desistir somente das coisas erradas por Jesus, então nunca falemos que somos apaixonados por Ele. Qualquer um deixará as coisas erradas se souber como. Mas estamos dispostos a desistir do melhor que temos por Jesus Cristo? O único direito que o cristão tem é o direito de desistir de seus direitos". Para sermos o melhor que pudermos por Deus, precisamos fazer algumas renúncias voluntárias (Lucas 14:33). Se desejamos subir às alturas por Deus, precisamos enfrentar esse desafio da renúncia voluntária.

Nosso exemplo nessa área de sacrifício, como em todas as outras, é o nosso Senhor. Como "herdeiro de todas as coisas" (Hebreus 1:2), Ele desfrutara e exercera direitos além de nossa mais fecunda imaginação. E ainda assim, por nossa causa, renunciou a cada um deles. A renúncia dos direitos começou ao levantar-se de Seu trono eterno e "deixar as mansões de dias eternos, escolhendo estar conosco em uma casa sombria de barro mortal" (Milton).

Os maiores sacrifícios podem ser feitos por aqueles que têm muito para renunciar. Cristo abdicou da companhia congenial de anjos pela hostilidade dos homens, dos confortos de Sua casa pela vida de um itinerante, das riquezas do Céu pela pobreza da Terra. E, finalmente, em amor, Ele renunciou o que poderia ter sido um lugar de tal maneira confortável dentre a humanidade, pelo sofrimento da dor da morte como um criminoso.

Se o sacrifício é realmente o êxtase em dar o melhor que temos Àquele que mais amamos, inevitavelmente haverá direitos simples e mundanos que devem ser renunciados por amor ao nosso Senhor.

Se eu pago minha passagem em um ônibus, tenho o direito inalienável a um assento, se houver algum disponível. Mas, quando uma mãe cansada com um bebê em um braço e sacolas no outro entrar no ônibus lotado, embora ninguém possa duvidar do meu direito a um assento, tenho direito e responsabilidade de dispor desse direito e oferecer meu lugar à mulher. Devemos abdicar menos para o Senhor?

Paulo defende seu direito em três áreas em 1 Coríntios 9: o direito de comer e beber (v.4); o direito a uma vida conjugal normal (v.5) e o direito pelo suporte financeiro da Igreja (vv.6-12).

Para ele, a alegria e a obrigação de compartilhar o evangelho eram mais importantes do que satisfazer seu apetite ou ceder a algum desejo por auxílio financeiro exterior. Embora Paulo não fosse um místico, estava verdadeiramente determinado a não se deixar dominar por seu corpo. "Eu não serei dominado pelo apetite", disse John Wesley. E por dois anos ele viveu alimentando-se com batatas! Foi esse propósito inflexível de ser o melhor para Deus que deu a Wesley tremenda influência em sua própria geração. "...nunca fizemos uso desse direito", Paulo declarou (1 Coríntios 9:12).

Por amor a Cristo e para uma maior eficácia em ganhar almas, Paulo sacrificou seu direito de ser acompanhado por uma esposa. "...de modo a não desfrutar os direitos que tenho por anunciar as boas-novas" (9:18), esta era sua atitude característica. Ele não sorvia até a última gota os seus direitos.

Paulo declarava com convicção o seu direito de ser sustentado por aqueles a quem ministrava. "Da mesma forma, o Senhor ordenou que os que anunciam as boas-novas vivam pelas boas-novas. Contudo, nunca usei de nenhum desses direitos. Não escrevo isso para sugerir que desejo agora começar a fazê-lo. De fato, prefiro morrer a perder o privilégio de me orgulhar de pregar sem cobrar nada" (9:14-15). Paulo não queria ser tratado como o clero ganancioso; além do mais desejava manter a independência financeira no exercício de sua autoridade apostólica. Então ele escolheu sustentar-se fazendo tendas. Entretanto, em algumas raras ocasiões ele aceitou doações das igrejas.

Exige-se uma motivação forte e incomum para induzir um líder ou qualquer um a adotar essa atitude com relação aos seus direitos. Paulo escreveu: "Embora eu seja um homem livre, fiz-me escravo de todos para levar muitos a Cristo" (9:19). E um escravo *não* tem direitos!

Um missionário na China relatou suas experiências: "Quando eu vim para China, estava pronto para *comer amargura* (expressão chinesa para 'passar por sofrimentos') e ainda gostar. Particularmente, isso não me incomodou. Leva um pouco de tempo para seu paladar e digestão se acostumarem com a comida chinesa, é claro, mas isso não foi mais difícil do que eu esperava. Outra coisa, no entanto" — fez uma pausa significativa — "*outra coisa* que eu nunca tinha pensado surgiu para criar problemas. Eu tive que *comer perdas* (expressão chinesa para 'sofrer a violação do direito de alguém')! Descobri que não podia exigir meus direitos — que nem podia *ter* direito algum. Descobri que tinha que desistir deles, de cada um, e que essa era a coisa mais difícil de todas". Nas palavras de Jesus, ele teve que "[negar] a si mesmo" (Lucas 9:23) e isso nunca é fácil. Porém, "Essa é a forma que o Mestre se conduziu, não deveria o servo andar assim também?".

A *questão da escravidão*

Paulo tem sido acusado por não ter protestado com mais veemência contra o horrível tráfico de escravos de seus dias. Mas a acusação não procede. Ele é culpado por mostrar aceitação pela escravidão de Onésimo sem protestar, ao invés de dizer a Filemom, o proprietário do escravo, que a escravidão é inconsistente com os princípios cristãos. Mas, se nos esforçarmos sinceramente em nos colocarmos na situação de Paulo, logo entenderemos a razão por ele não ter assumido o papel de um cruzado revolucionário.

Quando Paulo disse a Filemom que deveria considerar Onésimo "mais que um escravo: é um irmão amado" (Filemom 16), "ele estabeleceu um fundamento de uma nova ordem que estava determinada a surgir".[2] Gibbon [N.E.: Edward Gibbon, Inglaterra (1737–94).], o notável historiador, calculou que em 57 d.C. metade da população do Império Romano era constituída por escravos. Portanto a situação dos escravos era uma questão social extremamente importante na igreja daqueles dias. Além disso, a maneira como Paulo lidou com essa questão tem lições importantes para os líderes de hoje.

Na cultura daqueles dias, escravos não eram considerados pessoas, mas simplesmente posses. Seu status não era mais alto do que dos animais. A literatura daquele período retrata a crueldade bárbara, à qual muitos escravos foram submetidos. No entanto, havia muitos que recebiam um tratamento bem humano.

Alguém poderia muito bem imaginar um agitador como Paulo surgindo na arena, liderando um grande movimento antiescravidão e inflamando os escravos contra seus mestres. Mas a forma como ele tratou essa difícil questão tem feito alguns concluírem que ele aprovava a escravidão e que era um tanto insensível à injustiça social. Não era isso que acontecia. Guiado pelo Espírito Santo, Paulo adotou um método em que, dentre as condições que predominavam naquele

---

[2] Rall, Henry F., *According to Paul* (Conforme Paulo), Nova Iorque: Scribners, 1944, 215.

tempo, era cuidadosamente preparado e visava melhorar as condições dos escravos.

O conselho do apóstolo a Timóteo foi muito sábio para as circunstâncias que enfrentava. Uma revolução social bem-sucedida teria exigido uma rede de organização tão vasta que não teria sido alcançada da noite para o dia. Qualquer tentativa de efetuá-la traria má reputação e perseguição incalculável ao jovem movimento cristão. Então Paulo aconselhou a Timóteo: "Os escravos devem ter todo o respeito por seus senhores, para não envergonharem o nome de Deus e seus ensinamentos" (1 Timóteo 6:1). A insubordinação estava fora de cogitação para o escravo cristão. Em vez disso, devia contentar-se com sua condição. "Você foi chamado sendo escravo? Não deixe que isso o preocupe, mas, se tiver a oportunidade de ficar livre, aproveite-a. E, se você era escravo quando o Senhor o chamou, agora é livre no Senhor. E, se você era livre quando o Senhor o chamou, agora é escravo de Cristo" (1 Coríntios 7:21-22). Assim Paulo convocou o escravo cristão a regozijar-se na bênção espiritual e liberdade que a fé em Cristo lhe havia proporcionado.

É interessante observar que Paulo proferiu uma mensagem inoportuna sobre o cuidado contra a convivência impertinente e inadequada de escravos com seus mestres cristãos — algo que poderia facilmente acontecer. "O fato de o senhor ser irmão na fé não é desculpa para deixarem de respeitá-lo. Pelo contrário, devem trabalhar ainda mais arduamente, pois seus esforços beneficiam outros irmãos amados" (1 Timóteo 6:2).

Paulo disse a Tito: "Quanto aos escravos, devem sempre obedecer a seu senhor e fazer todo o possível para agradá-lo.

Não devem ser respondões, nem roubar, mas devem mostrar-se bons e inteiramente dignos de confiança. Assim, tornarão atraente em todos os sentidos o ensino a respeito de Deus, nosso Salvador" (Tito 2:9-10). E sobre o dever do senhor aos seus escravos? Paulo não se omitiu quanto a essa questão. "Senhores, assim também tratem seus escravos. Não os ameacem; lembrem-se de que vocês e eles têm o mesmo Senhor no céu, e ele não age com favoritismo" (Efésios 6:9).

Aqueles que questionam a preocupação de Paulo pelos escravos devem lembrar que foi na igreja que se iniciou a libertação dos escravos. Pois dentro da igreja Paulo anunciou e reforçou princípios que, se fossem acatados, quebrariam as algemas. Ele ensinou a mensagem de libertação e igualdade em Cristo. "Não há mais judeu nem gentio, escravo nem livre, homem nem mulher, pois todos vocês são um em Cristo Jesus" (Gálatas 3:28). O amor fraternal deve caracterizar todos os relacionamentos cristãos. "Amem-se com amor fraternal e tenham prazer em honrar uns aos outros" (Romanos 12:10). Ambos, mestres e escravos, devem respeitar e cumprir direitos e deveres mútuos (Efésios 6:5-9).

Com o crescimento numérico da Igreja e com o aumento da prática desses princípios, as sementes da reforma social começaram a germinar e gradualmente o esclarecimento chegou. Sob os imperadores cristãos, a escravatura começou a declinar. O processo de reforma era vagaroso, mas, onde quer que o cristianismo entrasse, a escravidão saía. Cristianismo e escravidão nunca poderão conviver pacificamente.

Uma visão singular sobre o sofrimento

O líder deve ter sua filosofia própria e bem definida sobre o sofrimento, pois será frequentemente requisitado para aconselhar aqueles que se encontram em conflito. Paulo podia persuadir seu companheiro mais jovem — "esteja pronto para sofrer comigo" (2 Timóteo 1:8) — porque ele próprio estava preparado a fazê-lo, estabelecendo o exemplo.

Os veteranos de Alexandre, o Grande, ameaçavam uma revolta alegando que ele era indiferente aos seus sofrimentos e ferimentos. Mas ele correu aos empregados e disse aos descontentes: "Venham, agora, aqueles de vocês que estão feridos, exponham-se e eu lhes mostrarei a mim. Nenhum membro do meu corpo está sem ferimento. Eu fui ferido pela espada, pela flecha, pelo dardo da catapulta. Fui golpeado por pedras e surrado com cassetetes enquanto os liderava à vitória e à glória".[3]

Paulo, maior conquistador do que Alexandre, o Grande, poderia fazer essa mesma declaração. "De agora em diante, que ninguém me perturbe com essas coisas, pois levo em meu corpo cicatrizes que mostram que pertenço a Jesus" (Gálatas 6:17).

Mais do que qualquer outro apóstolo, Paulo foi exposto ao sofrimento, privação e aflição. Ao enumerar suas provações, com relutância descreveu em 2 Coríntios 11:23-28 provas que parecem mais do que qualquer ser humano pudesse suportar. No entanto, ele saiu triunfante, mais do que um conquistador (Romanos 8:37).

---

[3] Macartney, *The Greatest Men of the Bible* (Os maiores homens da Bíblia), 18.

Podemos descobrir a filosofia de Paulo sobre o sofrimento por um incidente em sua própria experiência. Talvez, mais do que a qualquer outro apóstolo, foram-lhe concedidas revelações especiais pelo Senhor. Ao se referir a um dos incidentes escreveu: "É necessário prosseguir com meus motivos de orgulho. Mesmo que isso não me sirva de nada, vou lhes falar agora das visões e revelações que recebi do Senhor. Conheço um homem em Cristo que, há catorze anos, foi arrebatado ao terceiro céu. [...] Mas eu sei que tal homem foi arrebatado ao paraíso e ouviu coisas tão maravilhosas que não podem ser expressas em palavras, coisas que a nenhum homem é permitido relatar" (2 Coríntios 12:1-4).

Essas não foram experiências comuns. Na verdade, elas foram tão únicas que significaram uma grande tentação para Paulo: o orgulho. Deus ficou profundamente preocupado que o apóstolo pudesse sucumbir a essa tentação, limitando seu ministério. Foi então que o Senhor introduziu um fator compensador: "Portanto, para evitar que eu me tornasse arrogante, foi-me dado um espinho na carne, um mensageiro de Satanás para me atormentar e impedir qualquer arrogância" (12:7).

Paulo era estranhamente reservado sobre a natureza exata do espinho. Com relação à sua natureza, a opinião é categoricamente dividida. Alguns sugerem que era *mental ou espiritual* — desejos sensuais, depressão ou dúvida. Outros pensam que era *físico* — epilepsia, malária, oftalmia (inflamação do olho). O fato de ser um "espinho na carne" favorece-nos pensar em algo físico. Independentemente daquilo que fosse, devemos ser gratos pela ponderada discrição do apóstolo, pois podemos agora aplicar o remédio divino em nossos próprios espinhos.

Devemos ser gratos, também, pois, através dessa experiência, recebemos do Senhor a enunciação de um princípio espiritual clássico: "Minha graça é tudo de que você precisa. Meu poder opera melhor na fraqueza" (2 Coríntios 12:9). Aqui temos uma garantia divina de que, mesmo que a situação dolorosa — o espinho, seja qual for — não seja removida, há sempre graça suficiente e compensadora disponível.

A dolorosa e humilhante situação fazia parte do preço do serviço que Paulo rendia a Deus, parte integrante de seu ministério. Apesar de seus brilhantes dons, se não fosse pela presença dessa enfermidade em sua vida, talvez nunca fosse capaz de alcançar um ministério dinâmico para o Senhor.

Mesmo não tendo certeza sobre a natureza do espinho, há certos fatos que conhecemos que podem ser de grande valor ao passarmos por sofrimentos, sejam nossos ou de outros:

1. O espinho de Paulo foi algo contínuo por um período significativo.

2. Foi objeto de repetidas, mas não-respondidas orações. "Em três ocasiões, supliquei ao Senhor que o removesse", ele declarou (12:8).

3. Foi um instrumento de humildade, para "impedir qualquer arrogância" (12:7). Isso diminuía o ego de Paulo e o afligia para não se exaltar.

4. O espinho de Paulo deu a Satanás a oportunidade perfeita para atormentá-lo (12:7). Pedro não foi o único apóstolo a quem o Senhor permitiu Satanás peneirar (Lucas 22:31).

Questões difíceis

O diabo intentou o mal, mas nosso Deus "transformou a maldição em bênção" (Deuteronômio 23:5).

5. Isso se tornou um canal da graça. "Minha graça é tudo de que você precisa" (2 Coríntios 12:9). Em vez de retirar o espinho, Deus lhe concedeu Sua graça compensadora. A resposta não veio pela subtração, mas pela adição; não em Deus conceder uma tarefa mais apropriada ou uma outra localização, mas na apropriação da abundante graça de Deus por Paulo, onde e da forma que ele estava. "Para provas mais intensas, Ele adicionava graça".

6. O espinho deu oportunidade para se alegrar na fraqueza. "Portanto, agora fico feliz de me orgulhar de minhas fraquezas [...]. Pois, quando sou fraco, então é que sou forte" (12:9-10).

7. Serviu como um pano de fundo para demonstrar o poder de Cristo — "para que o poder de Deus opere por meu intermédio" (12:9). Nesse versículo deve-se omitir o pronome "meu", pois a declaração de Paulo é simplesmente, que o poder do Senhor "opera melhor na fraqueza".

Dessa forma, Paulo era hábil na arte de transformar uma fraqueza debilitante em um triunfo glorioso. Ele aprendera que o que havia primeiramente considerado uma desvantagem restritiva era, na verdade, um recurso celestial — o caminho para um ministério mais amplo centrado no Senhor. Portanto, sua fraqueza se tornou uma arma poderosa.

Roguei ao Senhor que desse sucesso
Ao difícil trabalho que por Ele quis fazer;
Pedi que aos obstáculos houvesse retrocesso

> *E que as horas de minha fraqueza pudessem poucas ser;*
> *Supliquei que distantes e grandes alturas eu escalasse.*
> *E agora humildemente te agradeço que eu fracassasse.*
> *Pela dor e muitas agruras recebia*
> *Em pensamento e ato, um dote de brandura.*
> *E com o fracasso veio a empatia,*
> *Compreensão que o sucesso não prefigura.*
> *Pai, eu teria sido tolo e maldito*
> *Se meu desejo tivesses concedido.*

A atitude de Paulo a essa experiência disciplinar foi exemplar. Note que ele não disse, "um espinho foi me imposto", mas, "foi-me dado" — como um dom de graça. O espinho não permaneceu como um mensageiro de Satanás para atormentá-lo, mas se tornou um dom da graça de Deus a fim de preparar o caminho para um ministério mais amplo.

O tempo como bem precioso

O tempo é uma das matérias-primas mais valiosa para o líder. Pois pelo uso de seu tempo o líder determina não somente a quantia de trabalho que realiza, mas também sua qualidade.

O tempo não é dado, mas adquirido. Tal pensamento reside por trás das palavras ocultas de Paulo em Efésios 5:16 — "Aproveitem ao máximo todas as oportunidades". Tempo é oportunidade e se torna nosso somente quando o adquirimos. Há um preço a ser pago pelo seu emprego mais estratégico. Trocamos nosso tempo no mercado da vida por certas ocupações ou atividades. J. B. Phillips acrescenta outro ângulo: "Faça o melhor uso de seu tempo", trocando-o somente por coisas de maior valor.

O tempo é uma mordomia que requer rendição de contas. O valor de nossa contribuição à nossa geração dependerá de como, estrategicamente, o usamos. Cada momento é um dom de Deus, por isso não deve ser desperdiçado. Por ser o nosso bem mais precioso devemos desenvolver uma consciência crítica nesta área.

O tempo pode ser *perdido* como pode ser remido. E é importante relembrar que o tempo perdido nunca será retornado. O tempo não pode ser *acumulado*; deve ser totalmente empreendido cada dia. Não pode ser *adiado*; é agora ou nunca. Se não usado produtivamente, o tempo é irreparavelmente perdido.

O domínio que Paulo teve sobre o tempo pode ser medido pelo resultado do ministério que alcançou em sua vida. Ao examinar suas extensas viagens em um mapa e ouvir de seu árduo trabalho e aventuras, ficamos quase sem fôlego. Se também quisermos experimentar uma liderança bem-sucedida, a administração de *nosso* tempo será uma questão de suma importância.

Como seu Mestre, Paulo selecionava suas prioridades com grande cuidado, não desperdiçando tempo em esforços que não eram vitais. Sua vida demonstrou que a força de caráter moral se desenvolve por meio da *rejeição do insignificante*.

Nesta era de alta tecnologia e forte pressão, podemos aprender ao verificar que o apóstolo parecia aceitar pressões e interrupções como rotina normal. E poucas coisas geram mais pressão do que aquelas causadas por insuficiência de tempo. Paulo escreveu: "Irmãos, queremos que saibam das aflições pelas quais passamos na província da Ásia. Fomos esmagados e oprimidos além da nossa capacidade de suportar, e pensamos que não sobreviveríamos. De fato, esperávamos morrer. Mas, como resultado, deixamos de confiar em nós mesmos e aprendemos a confiar somente em Deus, que ressuscita os mortos" (2 Coríntios 1:8-9). Ele reconheceu que, de acordo com o plano de Deus para sua vida, essas coisas já estavam previstas; portanto não havia razão para o desânimo.

Para os cristãos alertas, as interrupções são oportunidades divinas. E Paulo estava convencido que sua vida era divinamente planejada: "Pois somos obra-prima de Deus, criados em Cristo Jesus a fim de realizar as boas obras que ele de antemão planejou para nós" (Efésios 2:10). É possível que nós, por meio da oração e comunhão, descubramos as obras reveladas para cada dia.

Para planejarmos nosso tempo da melhor forma, será útil manter as seguintes sugestões em mente:

1. Todos receberam a mesma quantia de tempo no dia.
2. O plano de Deus permite tempo suficiente para o cumprimento de toda Sua vontade para cada dia.
3. Ele espera de nós, diariamente, somente o que for razoável e atingível.
4. Quando selecionamos nossas prioridades cuidadosamente, elas não podem colidir com nossos deveres habituais.

5. Os conflitos e pressões que experimentamos geralmente surgem quando confundimos desejos humanos ou pressões, tanto nossos ou de outros, com os deveres que Deus espera que cumpramos.
6. O tempo é muito valioso para ser gasto com coisas secundárias quando coisas primordiais estão clamando por atenção.
7. "Eu não tive tempo" geralmente é a confissão inconsciente de alguém que está fazendo uma escolha errada de prioridades.

Poucas coisas colocam o dedicado obreiro cristão abaixo da servidão mais do que a questão do uso estratégico de seu tempo. Para muitas pessoas, o tempo parece ser constantemente pouco. Assim sendo, é necessário aceitar o fato, ou viver sob tensão e pressão contínuas. Afinal de contas, sempre haverá grandes áreas que não tiveram suas necessidades supridas, mesmo após havermos conscientemente feito tudo em nosso alcance para cumprir nossas obrigações.

Pela oração e cautelosa seleção das prioridades, *devemos dar utilidade a cada meia-hora*, e então entregar o restante a Deus. Nosso verdadeiro problema não é a *quantidade* de tempo disponível, mas o seu uso estratégico, pelo qual somos indisputavelmente responsáveis. O sábio uso do tempo envolve o firme propósito e rígida autodisciplina, mas será obtido se tivermos a devida *determinação*.

Nossa responsabilidade se estende apenas àquelas coisas que se encontram dentro de nosso controle. Nem todo chamado de ajuda é um chamado de Deus. É visivelmente impossível atender cada apelo de ajuda. Temos que relembrar que as circunstâncias além de nosso controle não são motivos para autoacusação.

Entretanto, todo líder deve enfrentar a questão honestamente: Estou usando meu tempo para o que é mais importante, ou estou dissipando um pouco dele em questões de importância secundária? A melhor maneira de responder a essa pergunta é conduzir uma rígida análise sobre a forma como preenchemos nosso tempo a cada semana. Essa prática pode trazer algumas surpresas.

Paulo desafiou os coríntios: "Sejam meus imitadores, como eu sou imitador de Cristo" (1 Coríntios 11:1), um desafio que poucos de nós estaríamos dispostos a cumprir. Em seu uso do tempo, Paulo moldava sua própria vida à vida de seu Senhor. É impressionante o que ambos conseguiram realizar em seus dias!

Investir tempo em recreação e relaxamento não deve ser considerado uma questão de importância secundária. O líder que separa tempo para renovar seus recursos físicos e nervosos não está perdendo tempo. Jesus levou Seus discípulos a parte para descansar e relaxar. Ele próprio sentou-se e descansou no poço quando estava esgotado após um atarefado dia de ensino.

Nosso Senhor não forçou seu corpo cansado a continuar. Se Ele o tivesse feito, teria perdido o momento especial em que encontrou a mulher necessitada junto ao poço. Jesus não era um ascético que recusava entrar na vida social normal das pessoas. Ele não considerou tempo perdido quando participou da festa de casamento em Caná.

Falhar em tirar um tempo adequado para relaxar pode ser contraproducente. Naturalmente, devemos estar sempre prontos para ter nossa recreação interrompida se os interesses do Reino assim o exigirem. Deve ser sempre "Reino primeiro, eu segundo".

Quando o dedicado e renovado jovem Robert Murray McCheyne caiu em seu leito de morte com a idade de 29 anos, disse ao amigo a seu lado: "Deus me deu um cavalo para me locomover e uma mensagem para entregar. Ai de mim, eu matei o cavalo, e agora não posso entregar a mensagem!". Não há virtude em açoitar o cavalo cruelmente. Mas talvez esse não seja nosso problema. Talvez nosso cavalo precise de esporas!

Uma leitura atenta dos evangelhos nos deixa a impressão de que o Mestre andou pela vida sem correrias e pressa. Ele nunca parecia incomodado, apesar de ser perpetuamente procurado. Ele sabia como fazer as pessoas sentirem que tinha tempo para todos.

Onde estava o segredo da serenidade de Jesus? Creio que estava em Sua segurança em andar conforme o plano de Seu Pai — um plano preparado para cada hora. Ele não permitia que ninguém adiantasse ou retardasse Sua agenda. Planejava Seu calendário cada dia em comunhão com Seu Pai. Cada dia recebia as palavras para dizer e as obras para realizar, e isso o manteve sereno em meio aos inúmeros deveres. "Você não crê que eu estou no Pai e o Pai está em mim? As palavras que eu digo não são minhas, mas de meu Pai, que permanece em mim e realiza suas obras por meu intermédio" (João 14:10).

Jesus movia-se com a consciência de que havia um tempo determinado por Deus para os eventos em Sua vida, e Sua preocupação era completar a tarefa que lhe fora dada no tempo designado. Quando Seus irmãos o pressionavam para se tornar público, fez uma declaração reveladora: "Agora não é o momento certo de eu ir, mas vocês podem ir a qualquer hora" (João 7:6). Ele recusou-se a viver uma vida ao acaso, pois isso frustraria o plano de Seu Pai. Paulo seguiu o exemplo de seu Mestre; nós também somos chamados ao mesmo compromisso.

Mas, para que haja uma mudança radical em nossos hábitos, será necessário dependermos da capacitação que vem de Deus. Nem todos temos vontades inflexíveis, como Paulo parecia possuir, mas todos podemos ser fortalecidos "com poder interior por meio de seu Espírito" (Efésios 3:16). Paulo deu a Timóteo a benéfica garantia de que "Deus não nos deu um Espírito que produz temor e covardia, mas sim que nos dá poder, amor e autocontrole" (2 Timóteo 1:7). A. T. Robertson diz que isso se refere ao espírito humano dotado pelo Espírito Santo com o qual podemos realmente contar.

O uso de nosso tempo depende do motivo pelo qual somos pressionados. A nossa motivação nos constrange o suficiente para combater nossos hábitos errados que por tanto tempo temos tolerado? Somente a verdadeira dedicação ao Senhor e o próprio tempo dirão.

11

O papel das mulheres

Não há mais [...] homem nem mulher
[...] em Cristo Jesus.
—Gálatas 3:28

Já que as mulheres provavelmente constituem mais da metade dos membros afiliados a alguma igreja no mundo, a compreensão da visão de Paulo quanto ao papel delas na Igreja é de vital importância. Com o aumento do movimento de liberação feminina, cuja base é cultural e não bíblica, as atitudes têm se tornado muito mais polarizadas do que em qualquer outro momento da história.

Em nossa sociedade cada vez mais igualitária, não é fácil examinar tudo que as Escrituras têm a dizer sobre as mulheres de maneira objetiva e sem preconceitos, pois nossas concepções resultam de tradições mais antigas. Sem dúvida, somente na eternidade haverá verdadeiro consenso. O problema se torna ainda mais sensível porque professores intelectuais consagrados têm opiniões extremamente divergentes. Por essa razão, o dogmatismo indevido seria inadequado. Apresento então a minha visão com humildade e devido respeito pelas diversas e sinceras visões dentro da Igreja.

Não tenho uma posição extrema e não luto por uma posição dominante para a mulher, seja na área da liderança ou na área da teologia. Embora não haja "homem nem mulher [...] em Cristo Jesus" (Gálatas 3:28), as Escrituras reconhecem certas diferenças nos papéis dos homens e mulheres na Igreja. Certamente, Paulo não defenderia as ideias unissex de nossos dias. No entanto, ele achou válido ressaltar as bases bíblicas que favoreciam as mulheres com um lugar mais influente e maior na vida e no ministério da Igreja do que tradicionalmente já ocorria. Esse assunto é, naturalmente, muito extenso para um tratamento completo neste curto espaço, mas o meu objetivo é apoiar essa visão das Escrituras.

Um apóstolo malcompreendido

Nestes dias de vigorosas discussões sobre os direitos das mulheres, Paulo está habitualmente na linha de fogo, sendo bombardeado por causa de seu suposto descrédito do papel e do status da mulher. "Caluniado por um lado, exonerado por outro, o próprio Paulo está perdido atrás de uma barragem de reivindicação e alegação contrária".[1]

O apóstolo é muitas vezes repudiado como um homem frustrado e chauvinista, que descarrega seu rancor nas mulheres em geral. Mas aqueles que consideram essas acusações contra ele nunca leram as relevantes passagens das Escrituras cuidadosa e objetivamente, ou as leram com preconceitos, pois elas não contêm tal interpretação.

Seria difícil acusar Paulo por sua atitude em relação às mulheres, casamento e família. Em seus contatos com suas anfitriãs, suas ouvintes e membros femininos de sua equipe, ele era invariavelmente cavalheiro e fraternal. Ele nunca sugeriu ou declarou qualquer superioridade dos homens sobre as mulheres. Em suas cartas expressava a mais alta consideração e estima pelas companheiras cristãs, aprovando-as como suas colaboradoras no trabalho pelo evangelho, sem qualquer discriminação entre elas e os membros masculinos da equipe.

Paulo foi muito além da posição tradicional concedida às mulheres judias, as quais eram segregadas e permaneciam silenciosas durante a adoração nas sinagogas. Ele apoiou o seu direito de orar e profetizar, contanto que suas cabeças estivessem cobertas. "Mas a mulher desonra sua cabeça se ora ou profetiza sem cobri-la, pois é como se tivesse raspado a cabeça" (1 Coríntios 11:5). Se os textos mencionados fossem lidos no tempo em que foram escritos, logo se notaria que em seus dias, longe de ser um homem chauvinista, Paulo

---

[1] Williams, Don, *Paul and Women in the Church* (Paulo e as mulheres na Igreja), Glendale: Gospel Light, 1977, 11.

fora o mais notável defensor dos direitos da mulher. Ele teria sido considerado *avant-garde* por seus contemporâneos.

Ao apreciarmos sua atitude e ensinamento, precisamos considerar o ambiente cultural de seu tempo. Precisamos somente comparar sua perspectiva e prática com aquelas dos líderes e fundadores das outras religiões — Budismo, Hinduísmo e Islamismo — para ver a grande superioridade de sua concepção sobre o status das mulheres. Em vez de acusar Paulo, as mulheres cristãs deveriam enaltecer suas lutas e conquistas, pois pavimentaram o caminho para tantas bênçãos e privilégios que hoje desfrutam.

A questão foi bem expressa por George Matheson: "Um dos elementos mais característicos na experiência cristã de Paulo foi o reconhecimento dos direitos das mulheres; em nada ele é mais ilustre entre os seus compatriotas judeus. Mesmo aquelas passagens em que ele parece depreciá-las foram escritas por razão precisamente oposta — o desejo de conservar para as mulheres aquela esfera distinta e peculiar, das quais as políticas judaicas as privavam."[2]

Ao interpretar o ensinamento de Paulo nessa questão, os seguintes fatos devem ser considerados: primeiro, o apóstolo estava respondendo perguntas específicas dirigidas a ele pela igreja local em Corinto, perguntas relacionadas a problemas particulares que estavam afligindo a igreja. Segundo, ele escreveu em um momento quando as condições predominantes eram perigosas e instáveis. Esse fato surge de sua resposta em 1 Coríntios 7: "Quanto à pergunta sobre as moças que ainda não se casaram, não tenho para elas um

---

[2] Speer, *The Man Paul* (O homem Paulo), 104.

mandamento do Senhor. Em sua misericórdia, porém, o Senhor me deu sabedoria confiável, e eu a compartilharei com vocês. Tendo em vista as dificuldades de nosso tempo, creio que é melhor que permaneçam como estão. Se você já tem esposa, não procure se separar. Se não tem esposa, não procure se casar" (vv.25-27). Terceiro, nas cidades gentílicas onde os cristãos moravam, a imoralidade era reinante. Portanto, era especialmente importante para as mulheres cristãs que se comportassem na igreja de forma a não provocar críticas.

Pode parecer que, nessa afirmação específica, Paulo não estava legislando para todos os tempos e circunstâncias, mas dando conselho específico para os futuros dias difíceis mais imediatos. O apóstolo estava simplesmente dizendo que as pessoas seriam sábias se não mudassem seu status presente, devido às condições existentes. Se essa interpretação está correta, e creio que está, então melhores condições permitiriam uma flexibilidade na implementação de seu conselho.

Um olhar nas Escrituras

Onde existem afirmações bíblicas claras e sem ambiguidades, elas devem ser obedecidas sem reservas. Mas, nesse assunto sobre o papel das mulheres na Igreja, a grande divergência de visões apoiadas por pessoas igualmente sinceras indica que muitas dessas passagens nas Escrituras não são totalmente claras e sem ambiguidades. Nesse ponto J. I. Packer, um intelectual evangélico de grande reputação, escreveu:

Embora todas as ordens de Paulo, sendo apostólicas, carregassem a autoridade do Senhor de quem Paulo era embaixador, isso não excluía a possibilidade de que algumas delas fossem decretos ad hoc, respostas a situações específicas que se tornariam cartas mortas se a situação mudasse. É discutível que a ordem sobre o ensino dado por mulheres, que não deveriam ensinar, mas manterem-se quietas, fosse um desses casos: uma regra prática e prudente que aplica o padrão da criação à situação onde as mulheres pagãs convertidas, sem instrução formal e criadas para sentirem-se seres inferiores tinham agora descoberto sua dignidade sob Deus em Cristo e agora sentiam-se envaidecidas.

Nesse caso é o princípio e não a regra prática que tem autoridade permanente, e é concebível que, sob um ambiente cultural difícil onde as mulheres cristãs não estavam sob as mesmas tentações para licenciosidade, uma regra mais branda poderia servir ao princípio igualmente bem.[3]

Esse princípio de interpretação coloca luz em três importantes passagens, sobre as quais há uma forte concentração de opiniões:

Mas quero que saibam de uma coisa: o cabeça de todo homem é Cristo, o cabeça da mulher é o homem, e o cabeça de Cristo é Deus. O homem desonra sua

---

[3] *Evangelicals and the Ordination of Women* (Evangélicos e a ordenação de mulheres), Kent: Grove Books, 1973, 24.

O papel das mulheres

cabeça se a cobre para orar ou profetizar. Mas a mulher desonra sua cabeça se ora ou profetiza sem cobri-la, pois é como se tivesse raspado a cabeça. Se ela se recusa a cobrir a cabeça, deve também cortar todo o cabelo! Mas, uma vez que é vergonhoso a mulher cortar o cabelo ou raspar a cabeça, deve cobri-la
(1 Coríntios 11:3-6).

Deus não é um Deus de desordem, mas de paz. Pois Deus não é Deus de desordem, mas de paz, como em todas as reuniões do povo santo. As mulheres devem permanecer em silêncio durante as reuniões da igreja. Não é apropriado que falem. Devem ser submissas, como diz a lei. Se tiverem alguma pergunta, devem fazê-la ao marido, em casa, pois não é apropriado que as mulheres falem nas reuniões da igreja
(1 Coríntios 14:33-35).

Quero, portanto, que em todo lugar de culto os homens orem com mãos santas levantadas, livres de ira e de controvérsias. Da mesma forma, quero que as mulheres tenham discrição em sua aparência. Que usem roupas decentes e apropriadas, sem chamar a atenção pela maneira como arrumam o cabelo ou por usarem ouro, pérolas ou roupas caras. Pois as mulheres que afirmam ser devotas a Deus devem se embelezar com as boas obras que praticam. As mulheres devem aprender em silêncio e com toda submissão. Não permito que as mulheres ensinem aos homens, nem que tenham autoridade sobre eles. Antes, devem ouvir em silêncio.

Porque primeiro Deus fez Adão e, depois, Eva. E não foi Adão o enganado. A mulher é que foi enganada, e o resultado foi o pecado (1 Timóteo 2:8-14).

Intérpretes na extrema direita sustentam que essas passagens impõem uma proibição absoluta às mulheres em qualquer papel de ensino ou liderança na Igreja. Alguns vão tão longe a ponto de proibir que orem nas reuniões em que homens estão presentes. A aridez e frustração espiritual que resultam de uma posição extrema assim são evidentes através da história da Igreja.

Aqueles na extrema esquerda interpretam essas passagens como se refletissem exclusivamente situações culturais contemporâneas daquela época, sem nenhum paralelo com nossos dias e pouca relevância. Dessa forma, conferem às mulheres um papel de liderança e ensino ilimitado na Igreja.

Mas são esses dois extremos as duas únicas interpretações? Não pode haver um meio termo aceitável? Uma vez que as Escrituras e Paulo têm tanto a dizer sobre as mulheres, a família, e o casamento, não é um pouco improvável que o problema possa ser resolvido citando duas ou três passagens e ignorar uma porção bem maior das Escrituras? Pois realmente tem havido uma ênfase desequilibrada no aspecto negativo das passagens citadas acima e atenção inadequada a muitas outras passagens que permitem uma possível interpretação mais liberal.

A concepção elevada que Paulo tinha da santidade do casamento se reflete no paralelo que faz entre a relação do marido e mulher e a relação de Cristo e a Igreja. "Maridos, ame cada um a sua esposa, como Cristo amou a igreja. Ele entregou a vida por ela" (Efésios 5:25). Esse é um contraste impressionante com o ensino do Alcorão ou com os clássicos de Confúcio, nos quais a ênfase é invariavelmente no dever da esposa para com o marido. Paulo não admitia tal submissão. "Da mesma forma, os maridos devem amar cada um a sua esposa, como amam o próprio corpo, pois o homem que ama sua esposa na verdade ama a si mesmo" (Efésios 5:28). Deve ser notado também, que a sujeição da mulher ao homem é para com seu próprio marido, não para com todos os homens.

O fator cultural

A pergunta inevitavelmente aparece: "O que deve ser considerado sobre a situação cultural existente nos dias de Paulo ao determinarmos uma aplicação contemporânea?". Nesse ponto, F. F. Bruce faz um comentário pertinente: "Com certeza, a relatividade cultural deve ser considerada quando a mensagem permanente do Novo Testamento recebe nossa atenção prática hoje. A localização e situação temporária em que aquela mensagem foi primeiramente entregue deve ser apreciada se quisermos discernir qual é realmente sua essência permanente e aprender a aplicá-la nas circunstâncias locais e temporárias de nossa própria cultura".

Em 1 Coríntios 11:1-15, Paulo está preocupado com uma questão da ordem na Igreja: a prudência das mulheres cobrirem a cabeça com véu nos cultos públicos de adoração em Corinto. Nessa passagem ele não está fazendo um manifesto sobre esse ensinamento para todas as épocas.

Tem sido comentado que a frase "Não permito que as mulheres ensinem aos homens, nem que tenham autoridade sobre eles" (1 Timóteo 2:12) não expressa duração de tempo, como se ele estivesse dizendo *"nunca* permitiria que a mulher ensine...". Entretanto, no grego há um tempo verbal no presente que pode ser traduzido "Eu não estou permitindo, no momento, que a mulher ensine ou tenha autoridade sobre o homem". Paulo estava aparentemente proibindo que aquelas mulheres que não eram devidamente instruídas ensinassem. O professor deve primeiro aprender. Mas o tempo verbal não pode tornar-se necessariamente um princípio geral para todas as épocas.[4]

Quais eram as condições culturais prevalecentes naquele tempo que devemos considerar em nossa interpretação?

- Quase metade das pessoas no Império Romano eram escravas.
- O status das mulheres era muito baixo. A maioria não tinha instrução formal, e elas eram consideradas como posses.
- Em suas orações, os homens judeus agradeciam a Deus por não serem mulheres.
- Os homens não deviam falar com mulheres em lugares públicos.
- As mulheres do Oriente não saíam com suas cabeças descobertas. Se o fizessem ou se rapassem a cabeça se tornariam imorais.

---

[4] Williams, *Paul and Women in the Church* (Paulo e as mulheres na Igreja),112.

- Na adoração em sinagogas, as mulheres eram segregadas dos homens, e às vezes interrompiam seus maridos com perguntas que poderiam ser mais bem respondidas em casa.

Praticamente nenhuma dessas condições culturais encontra um paralelo na cultura de nossos dias. A cruz de Cristo trouxe uma extensa mudança no status da mulher. Quando as condições existentes são levadas em consideração, vemos que as restrições feitas por Paulo eram razoáveis e necessárias. Mas elas são igualmente aplicáveis no ambiente cultural de nosso tempo? As diretrizes válidas para membros de uma igreja e situação cultural não devem ser transformadas em leis permanentes para todas as épocas e todas as situações.

As restrições de Paulo objetivavam corrigir indecências e trazer ordem a reuniões muito agitadas na igreja (1 Coríntios 14:33), e não colocar uma série de proibições nas orações, profecias, evangelismo ou ensino praticado por mulheres. Sua ênfase está nas mulheres que se portam de forma tão irrepreensível que seu comportamento não atrapalha o culto de adoração e não envergonha seu marido. Paulo estava desencorajando o questionamento ou discussão em público nos casos em que as esposas estavam usurpando autoridade sobre seus maridos, desonrando-os.

Apesar de admitir que existem problemas de difícil interpretação nessas passagens, há outras considerações que me levam a duvidar que a atitude tradicional restritiva é a única explicação possível e verdadeira.

O Espírito Santo soberanamente concede dons espirituais a cada crente, independentemente do sexo (1 Coríntios 12:11). Esses dons devem claramente ser usados para a edificação da Igreja. Se o Espírito tivesse retido esses dons de ensino e liderança das mulheres, aceitaríamos como uma nítida indicação de Sua vontade. Mas Ele não fez assim.

Não se frustrariam os propósitos dos dons do Espírito Santo e a Igreja não empobreceria se somente os homens fossem designados a posições em que esses dons fossem exercidos? "O Espírito de Deus expressamente dotou com poderes de liderança algumas mulheres tanto no Antigo como no Novo Testamento, como se estivesse mostrando que Ele tem esse direito, embora a grande maioria dos líderes tenha sido homens."[5]

Ambos os Testamentos (Antigo e Novo) e relatos da história da Igreja (passado e presente) fornecem exemplos de mulheres piedosas exercendo um ministério frutífero na profecia, administração, evangelismo e ensino. Nos dias de hoje, onde há uma adesão rígida às proibições de Paulo, a improdutividade e a frustração acontecem com frequência. Além disso, se as restrições são corretas, como explicar o incontestável derramamento espiritual tão frutífero que tem sido o ministério de mulheres como Catherine Booth, Ruth Paxson, Henrietta Meares, Geraldine Howard Taylor, Isabel Kuhn e muitas outras?

É verdade que o Novo Testamento não descreve as mulheres em papéis dominantes na teologia ou liderança.

---

[5] *Evangelicals and the Ordination of Women* (Evangélicos e a ordenação de mulheres), 21.

No entanto, há muitas coisas que as mulheres faziam na Igreja Primitiva, e ainda podem fazer — muitas vezes melhor do que os homens. Hudson Taylor foi um pioneiro não somente no uso de pessoas leigas no trabalho missionário, mas também no uso de mulheres solteiras no trabalho pioneiro na China. Em 1885, a Missão do Interior da China abriu bases no populoso rio Kwang Sin que eram conduzidas por mulheres solteiras. Trinta anos mais tarde havia uma rede completa de 10 estações centrais, 70 subestações, mais de 2.200 comunicadores e muitos pesquisadores, estudantes nas escolas etc. Aquelas mulheres continuaram sendo as únicas missionárias estrangeiras ao lado dos pastores nativos os quais treinaram.

Diante desta notável conquista das mulheres cristãs, só nos resta perguntar: o Espírito Santo fala com duas vozes — exortando-as a não ensinar ou liderar, e depois ricamente abençoando-as quando desobedecem?

Se for contestado, devemos seguir as Escrituras, não a experiência. A objeção é válida. *Mas* devemos nos certificar da *correta interpretação das Escrituras*. Neste caso, presume-se que essa não é a interpretação correta. Mais de 60% dos missionários hoje são mulheres, cuja maioria exerce as funções que os extremamente conservadores lhes negariam. Sem a contribuição delas no ensino, e muitas vezes na liderança, a causa missionária estaria imensamente empobrecida.

Reconhecendo as mulheres que amaram Deus

Aparentemente, Paulo não via discrepância entre as instruções que dava e o fato de que no seu tempo as mulheres oravam, profetizavam, ensinavam e evangelizavam. Ele enumerou muitas mulheres dentre aqueles que o acompanhavam na obra e era muito terno em seu louvor e apreço pelo serviço sacrificial que ofereciam.

Em Romanos 16, Paulo fez menção especial para quase o mesmo número de mulheres quanto o fez para os amigos homens, e as expressões que usou ilustram o ministério das mulheres naqueles primeiros dias da Igreja.

Febe (Romanos 16:1-2) é descrita como "diácono". Na língua grega, a palavra *diácono* é a mesma no gênero masculino ou feminino. É a mesma palavra que Paulo usou para si mesmo e Apolo (1 Coríntios 3:5), e não há base linguística ou teológica para diferenciação entre a função dela e de outros diáconos. A palavra é usada com frequência tanto para mulheres como para homens. Conforme D. G. Stewart comentou, parece que as mulheres faziam o mesmo trabalho exigido dos diáconos homens, independentemente de terem ou não o título.

No versículo 2, a palavra traduzida por "ajuda" esclarece mais ainda a função da mulher. Termos cognatos da mesma raiz são aplicados àqueles que exercem liderança nas igrejas, por exemplo, "seus líderes na obra do Senhor" (1 Tessalonicenses 5:12). Em Romanos 12:8 a mesma palavra é representada como "líder", e em 1 Timóteo 5:17 é aplicada aos "presbíteros que fazem bem seu trabalho". Assim, o termo usado por Paulo poderia indicar que Febe não somente cumpria a função de um diácono, mas também que tinha alguma função administrativa.

Priscila (Romanos 16:3) parece que foi mais dinâmica que seu marido Áquila, mas juntos atuavam como uma equipe pastoral de marido-mulher, liderando uma igreja em suas casas em Corinto e Roma. É explicitamente citado nas Escrituras que ela exerceu um ministério de ensino (Atos 18:26), pois ela e seu marido levaram o eloquente Apolo para sua casa e lhe ensinaram o caminho de Deus. Não há menção alguma de que, ao agir assim, Priscila contrariava o ensinamento de Paulo. Ela compartilhava com Áquila o título e a tarefa de "cooperador". Paulo descreveu o reconhecimento de que "todas as igrejas dos gentios" ao seu ministério conjunto (16:4).

Júnias (Romanos 16:7) é citada por Crisóstomo e por Teofilato como sendo uma mulher. Comentadores antigos concluíram que Andrônico e Júnias eram cônjuges. Júnias não é encontrada em qualquer outro lugar como nome masculino. Sobre Júnias, Crisóstomo escreveu: "Realmente, ser apóstolo em si já é grande coisa. Mas, para estar dentre esses mencionados, que grande honra é. Porém eles mereciam a honra em razão de suas obras, de suas realizações. Ó! Grande foi a devoção dessa mulher que deveria até ser considerada digna do título de apóstolo".[6]

No versículo 7, somos informados que Andrônico e Júnias eram "notáveis entre os *apóstolos*", usando essa palavra, naturalmente, em seu sentido secundário, como de Barnabé (Atos 14:14). Embora não haja certeza absoluta, há

---

[6] Sanday, William, e Arthur Headlam, *The Epistle to the Romans* (A epístola de Romanos), Edimburgo: T. & T. Clark, 1902, 423.

argumentos razoáveis para considerar Júnias como uma apóstola em sentido limitado.

As filhas de Filipe (Atos 21:9-10) foram consideradas por Eusébio como "grandes luminares". Elas exerciam claramente o dom profético.

Em 1 Coríntios 11:5, Paulo deu instruções sobre como as mulheres deveriam vestir-se ao orar ou profetizar. Naquele contexto não houve distinção entre o ato de orar e profetizar dos homens (11:4) e o das mulheres (11:5). Em cada passagem das Escrituras onde Paulo listou os dons espirituais, confere-se à profecia a posição primordial, o dom mais importante, e em 1 Coríntios 14:3 ele especifica sua natureza e função: "Mas aquele que profetiza fortalece, anima e conforta os outros". Não seria estranho Paulo permitir que as mulheres exercessem o dom mais elevado da profecia, e ainda assim proibir o dom menos importante do ensino?

Evódia e *Síntique* (Filipenses 4:2-3) aparentemente ocupavam posições de liderança tão influentes na Igreja que o desentendimento delas colocava em perigo sua unidade. Apesar de ter perdoado sua desavença, Paulo aprovou-as afetuosamente, "pois elas trabalharam arduamente comigo na propagação das boas-novas" (4:3), compartilhando o mesmo alvo e ministério. Ele as identificou com Clemente e com os outros cooperadores na proclamação do evangelho.

Todas essas passagens das Escrituras, quando analisadas em conjunto, dão boas razões para supor que a ordem para manter o silêncio na Igreja Primitiva não era absoluta. A Bíblia deixa claro que as mulheres não estavam impedidas de exercer um ministério frutífero e pleno.

O papel das mulheres

Em 2 Timóteo 2:2, Paulo escreveu: "Você me ouviu ensinar verdades confirmadas por muitas testemunhas confiáveis. Agora, ensine-as a *pessoas de confiança* que possam transmiti-las a outros". Na realidade, pessoas de confiança aqui são termos genéricos que poderiam muito bem incluir mulheres.

Que algumas mulheres, hoje, têm um dom para o ensino e aplicação da Bíblia, dificilmente pode ser negado. Isso parece ser uma parte da diferença entre nossa situação e a de Paulo quando não havia Novo Testamento para ensinar! Mas o ato de conceder o dom é em si uma indicação que Deus pretendeu que o dom fosse usado na Igreja para edificação. Em face disso, portanto, Deus planeja que algumas mulheres ensinem e preguem.[7]

À luz do que tem sido escrito, Paulo parece atribuir às mulheres um papel satisfatório, se não dominante, nas áreas da oração, ensino, evangelismo e administração. Como foi mencionando anteriormente, não há precedente bíblico para as mulheres terem um papel dominante na liderança ou na teologia. Mas, em Sua administração da Igreja de Cristo no mundo e na execução da Grande Comissão, o Espírito Santo tem concedido às mulheres um ministério muito mais amplo do que geralmente lhes é conferido em nossas igrejas. Temos uma razão válida para sermos mais seletivos do que o Espírito Santo?

---

[7] *Evangelicals and the Ordination of Women* (Evangélicos e a ordenação de mulheres), 25.

12

A filosofia da fraqueza

> ...*mas ele disse: "Minha graça é tudo de que você precisa. Meu poder opera melhor na fraqueza". Portanto, agora fico feliz de me orgulhar de minhas fraquezas, para que o poder de Deus opere por meu intermédio.*
> —2 Coríntios 12:9

Nós fazemos parte de uma geração que exalta o poder — militar, intelectual, econômico e científico. O conceito de poder está entranhado como urdiduras e tramas em nosso viver diário. Nosso mundo inteiro está dividido em blocos de poder. Homens em todos os lugares empenham-se por poder em diversas áreas, frequentemente com motivação questionável.

Há um contraste total e surpreendente entre a perspectiva de Deus e a nossa sobre o poder. As palavras de Deus a Isaías, em seus dias, são adequadas para nossos dias também: "'Meus pensamentos são muito diferentes dos seus', diz o SENHOR, 'e meus caminhos vão muito além de seus caminhos'" (Isaías 55:8). Diferentemente de qualquer filosofia mundana, o evangelho procura o fraco e o pobre por toda a parte.

O ilustre pregador escocês James S. Stewart fez uma declaração que é revolucionária e desafiadora, pois é um golpe perspicaz em nosso orgulho e autossuficiência.

É sempre sobre a fraqueza e a humilhação humana, e não sobre a força e a confiança, que Deus escolhe construir Seu Reino. Ele pode nos usar apesar de nossa mediocridade e impotência, e precisamente por causa delas. Essa descoberta é fascinante e pode revolucionar nossa visão missionária.[1]

Essas palavras são, de fato, revolucionárias, porém não mais do que a própria filosofia de Paulo sobre a fraqueza. Observe algumas das declarações paradoxais do apóstolo: "Deus escolheu as coisas que o mundo considera loucura para envergonhar os sábios" (1 Coríntios 1:27); "Fui até vocês em fraqueza, atemorizado e trêmulo" (1 Coríntios 2:3); "Por isso aceito com prazer fraquezas [...]. Pois, quando sou

---

[1] Stewart, James S., *Thine Is the Kingdom* (Teu é o reino), Edimburgo: St. Andrews Press, 23.

fraco, então é que sou forte" (2 Coríntios 12:10); Porque o poder de Deus 'opera melhor na fraqueza'" (v.9); "...na verdade, minhas fraquezas são minha única razão de orgulho" (v.5).

Assim como essas passagens surpreendentes conservam um dos mais importantes princípios da liderança de Paulo, deveriam também ser importantes em nossa liderança. O apreço pela fraqueza é uma reversão total do pensamento mundano, desafiando seus padrões estabelecidos. Quem no mundo consideraria a fraqueza uma qualidade de liderança? Mas Paulo aprendera que "'a loucura' de Deus" (atividades que parecem loucas a pessoas não regeneradas) "é mais sábia que a sabedoria humana; e a 'fraqueza' de Deus" (ações de Deus que para os homens parecem fracas e fúteis) "é mais forte que a força humana" (1 Coríntios 1:25).

Deus é um Deus que se oculta; Seu poder é, geralmente, um poder oculto. Ele muitas vezes esconde Sua onipotência sob um manto de silêncio. Quem percebe as toneladas de seiva movendo-se no interior do tronco de uma grande árvore? Quão silenciosamente e sem ser percebida a água se transforma em gelo! Certamente, Sua "fraqueza" é maior que nosso poder.

A sabedoria e poder ocultos de Deus são manifestos, diz Paulo, no tipo de pessoas que Ele escolhe para estabelecer Seu reino. "Lembrem-se, irmãos, de que poucos de vocês eram sábios aos olhos do mundo ou poderosos ou ricos quando foram chamados. Pelo contrário, Deus escolheu as coisas que o mundo considera loucura para envergonhar os sábios, assim como escolheu as coisas fracas para envergonhar os poderosos. Deus escolheu coisas desprezadas pelo mundo, tidas como insignificantes, e as usou para reduzir a nada aquilo que o mundo considera importante. Portanto, ninguém jamais se orgulhe na presença de Deus" (1 Coríntios 1:26-29).

A. T. Robertson escreveu: "Não se pode esquecer que Jesus escolheu Seus discípulos dentre os artesãos e pescadores não instruídos da Galileia, exceto Judas da Judeia. Ele ignorou os seminários teológicos rabínicos onde o impulso religioso havia morrido e as mentes se haviam cristalizado. Igualmente, Ele ignorará os seminários atuais se professores e alunos lhe fecharem suas mentes".[2]

Embora Paulo fosse um intelectual, glorificava-se por Deus não ter escolhido, intencionalmente, os intelectuais, os de nobre nascimento, os poderosos e os influentes. Em vez disso, escolheu pessoas que eram fracas em habilidades, influências, e até mesmo debilitadas — aquelas negligenciadas e descartadas — para atingir Seus propósitos de bênção. E a razão de Sua escolha? Para que "ninguém jamais se orgulhe na presença de Deus" (1:29).

O Dr. Stewart vê em nossa própria fraqueza humana uma poderosa arma divina em potencial. "Nada pode derrotar uma igreja ou uma alma que leva sua fraqueza, e não sua força, e a oferece para ser uma arma de Deus. Assim foi com William Carey, Francis Xavier e Paulo, o apóstolo. 'Senhor, aqui está minha fraqueza humana: eu a dedico a Ti para Sua glória!' Essa é a estratégia na qual não há represália. Essa é a vitória que vence o mundo."[3]

---

[2] Robertson, A. T., *The Glory of the Ministry* (A glória do ministério), Nova Iorque: Revell, 1911, 253.

[3] Stewart, *Thine Is the Kingdom* (Teu é o reino), 24.

A filosofia da fraqueza

Temos que nos lembrar de que Deus não se limita a pessoas fracas e sem importância! A Condessa de Huntingdon, ao se referir a 1 Coríntios 1:26, costumava dizer: "Eu sou tão agradecida por essas palavras na Bíblia; pois ela não diz '*muitos* de vocês eram [...] poderosos ou ricos, mas '*poucos* de vocês eram [...] poderosos ou ricos'". Deus deseja abençoar e usar *todos* os Seus filhos, sem restrição a nascimentos indesejados, talentos naturais, ou de tendência charmosa. Mas Ele pode fazer isso somente quando estão dispostos a renunciar à total dependência de seus dons e qualidades naturais.

A alegação de Paulo é que Deus pode alcançar Seus propósitos da forma mais eficaz na ausência de sabedoria humana, poder e recursos ou na não dependência dessas coisas. A fraqueza humana fornece o melhor terreno para a demonstração da grandeza do poder de Deus, portanto é um bem valioso.

O próprio Paulo era um dos homens sábios, nobres e influentes de seus dias. Ele tinha poder intelectual, fervor emocional, zelo ardente e lógica irresistível; contudo, renunciou à dependência dessas qualidades e de todas as habilidades que dominava. Observe o espírito com o qual identificou seu ministério à igreja de Corinto: "Fui até vocês em fraqueza, atemorizado e trêmulo. Minha mensagem e minha pregação foram muito simples. Em vez de usar argumentos persuasivos e astutos, me firmei no poder do Espírito" (1 Coríntios 2:3-4).

Mesmo quando Paulo utilizava seus dons e qualificações, interiormente renunciava sua dependência deles para alcançar resultados espirituais, mas colocava sua dependência sob o Espírito Santo para conceder-lhe o poder. Ele recebia com agrado a fraqueza que tornava sua dependência de Deus mais completa.

Dwight L. Moody, o Billy Graham de seus dias, aprendeu a explorar o poder da fraqueza como Paulo fazia. Ele era pouco escolarizado, sua aparência física não era atraente, e sua voz era aguda e nasal. Mas a consciência da sua fraqueza não impediu que Deus abalasse o mundo por intermédio dele.

Certa ocasião, um repórter foi designado para cobrir suas campanhas a fim de descobrir o segredo de seu extraordinário poder e influência sobre pessoas de todas as classes sociais. Após retornar de sua tarefa, escreveu: "Eu não consigo ver nada de especial em Moody para justificar seu trabalho maravilhoso".

Moody riu ao ser informado sobre isso e disse: "Claro que não, porque a obra é de Deus, e não minha". A fraqueza de Moody era a arma de Deus.

O "espinho na carne" de Paulo era um lembrete perpétuo de sua fraqueza humana, mas ele compreendeu que havia um propósito: "...para que o poder de Deus opere por meu intermédio" (2 Coríntios 12:9). James Denney escreveu a respeito: "Ninguém que presenciou isso [poder] e viu um pregador como Paulo podia sonhar que a explicação estava nele. Não em um judeu pequeno e feio, sem presença, sem eloquência, sem meios de sedução ou convencimento. A fonte de tal coragem e de tais transformações devem ser procuradas não nele, mas em Deus."[4]

---

[4] Denney, James, *Expositor's Bible — Corinthians* (Bíblia do expositor — Coríntios), Londres: Hodders, 160.

A filosofia da fraqueza

É pouco provável que Paulo se deleitasse em sua fraqueza desde o início de seu ministério. Como nós, ele estava disposto a protestar, portanto isso foi um processo de aprendizagem gradual. Ele disse: "...aprendi a ficar satisfeito com o que tenho" (Filipenses 4:11). Mas, ao aprender tudo sobre a lei divina da compensação, finalmente, foi capaz de dizer com sinceridade: "Por isso aceito com prazer fraquezas e insultos, privações, perseguições e aflições que sofro por Cristo. Pois, quando sou fraco, então é que sou forte" (2 Coríntios 12:10).

Um dos grandes segredos do sucesso de Paulo como grande líder foi estabelecer um exemplo brilhante para seus seguidores, pois ele extraía poder de suas fraquezas. Ele arrancava seus segredos das fraquezas e, através do ensino do Espírito Santo, descobria que poderiam se tornar em algo positivo ao invés de passivo.

E nós não consideramos nossas fraquezas e insuficiências uma desculpa justificável para nos abster de uma tarefa difícil? Deus usa esses mesmos recursos para nos impulsionar a prosseguir. Se nos ancorarmos nelas, Ele afirma que por causa delas nos escolheu, para que Sua força possa ser aperfeiçoada em nossa fraqueza. Já foi dito dos heróis da fé em Hebreus 11 que a fraqueza deles "foi transformada em força" (v.34).

Bem no início da Missão do Interior da China, em janeiro de 1866, Hudson Taylor explicou sua filosofia da fraqueza — "Podemos adotar a linguagem do apóstolo Paulo e dizer: 'Quem é capaz destas coisas?' Somos totalmente fracos, deveríamos estar soterrados pela imensidão da obra e pelo peso da responsabilidade que está sobre nós, não fosse o fato de nossa própria fraqueza e insuficiência nos dar o direito especial ao cumprimento de Sua promessa que diz: 'A minha graça te basta, porque o poder se aperfeiçoa na fraqueza'". Mais de cem anos já se passaram e a missão fundada por Hudson Taylor ainda testifica a validade e o poder dessa filosofia.

13

O treinamento de outros líderes

*Seja exemplo para todos os fiéis
nas palavras, na conduta, no amor,
na fé e na pureza.*

—1 Timóteo 4:12

John R. Mott afirma que os líderes devem multiplicar a própria vida através do desenvolvimento de jovens, dando-lhes plenas atividades e escapes adequados às suas habilidades e forças. Para que isso aconteça, pesados fardos de responsabilidade devem ser colocados sobre eles, incluindo mais oportunidades de iniciativa e poder de decisão final.

Além disso, devem receber reconhecimento e mérito por suas conquistas.

O método que Paulo utilizou ao preparar Timóteo para sua missão de vida foi um exemplo muito instrutivo. Paulo seguiu os passos de seu Mestre, e suas técnicas de ensino harmonizavam-se totalmente com a prescrição de Mott. O apóstolo infiltrava sua própria personalidade e convicções em Timóteo e estava preparado para investir bastante tempo com ele.

Timóteo tinha provavelmente 20 anos ao iniciar sua tutela. O jovem homem de Deus aparentemente sentia falta da afirmação de seu professor, uma fraqueza provavelmente acentuada por sua saúde debilitada. "Ele tinha mais propensão a apoiar-se do que a liderar." Sua timidez inata e tendência à autopiedade também precisavam de correção. O jovem precisava de mais força de caráter. Através de referências circunstanciais, infere-se que Timóteo tinha tendências a ser por demasiado tolerante e parcial com pessoas importantes e inconstante em seu trabalho.

A exortação de Paulo para "lembrá-lo de avivar a chama do dom que Deus lhe deu" (2 Timóteo 1:6), parece indicar que, como muitos outros, Timóteo estava pronto a se apoiar em experiências espirituais antigas, em vez de reacender as brasas que se apagavam.

Apesar desses pontos negativos em Timóteo, Paulo nutria uma opinião elevada de seu potencial, com aspirações grandiosas e específicas para ele. Paulo o manteve em seu padrão mais alto, sem lhe poupar experiências difíceis. Nem o protegeu de dificuldades que fortaleceriam seu caráter e lhe concederiam vigor.

O treinamento de outros líderes

Paulo conferiu a Timóteo tarefas muito além daquilo que era capaz, mas o encorajava e o fortalecia em suas execuções. De que outra forma um jovem desenvolve suas habilidades e poderes senão por situações complicadas que o levam ao limite?

Uma grande parcela do treinamento de Timóteo foi desenvolvida durante as viagens com Paulo — um privilégio único para alguém tão jovem. Essas viagens fizeram-no entrar em contato com todos os tipos de pessoas — homens importantes cujas personalidades e realizações trariam a ele uma ambição salutar. Indubitavelmente ele aprendeu de seu tutor como enfrentar triunfantemente os infortúnios e crises que pareciam rotina na vida e ministério de Paulo.

Paulo compartilhava seu ministério com seus companheiros sem qualquer demora. Ele confiou a Timóteo a responsabilidade de estabelecer o núcleo cristão em Tessalônica e para confirmá-los na fé, e também o aprovou nessa tarefa. Timóteo ainda foi enviado para resolver conflitos em Corinto, um lugar complicado onde a autoridade apostólica de Paulo estava sob ataque. Naquele lugar, o jovem aprendeu lições inestimáveis ao solucionar conflitos. Como de costume, os padrões minuciosos, as altas expectativas e elevadas exigências de Paulo serviram para extrair o melhor do jovem, poupando-o do risco da mediocridade.

Grandes homens se constroem mais pelos seus fracassos do que pelos seus sucessos. Abraham Lincoln "talvez seja o exemplo mais conhecido. Ele foi um fracasso nos negócios; foi um fracasso como advogado; falhou em se tornar candidato para a legislatura estadual. Foi impedido em sua tentativa de se tornar Comissário do Cartório Central. Foi derrotado em sua corrida para a vice-presidência e para o Senado. Mas ele não permitiu que o fracasso arruinasse sua vida nem permitiu que o amargurasse em relação às pessoas".

Na época em que era normal um homem abaixo de 30 anos não ser considerado digno de muito reconhecimento, a juventude de Timóteo era um obstáculo sobressalente. Mas isso não impediu que Paulo lhe conferisse responsabilidade e o encorajasse a não desanimar devido à sua idade.

Paulo deu o seguinte conselho a Timóteo: "Não deixe que ninguém o menospreze porque você é jovem. Seja exemplo para todos os fiéis nas palavras, na conduta, no amor, na fé e na pureza" (1 Timóteo 4:12). Essas são qualidades nas quais um jovem tende a fracassar.

No entanto, um viver exemplar pode compensar, grandemente, qualquer desvantagem da juventude. Um rapaz disse-me em um centro de trabalho cristão: "Você deve ter cabelos grisalhos para distribuir um livro de hinos aqui!". A secretária do movimento tinha mais de 80 anos! Paulo nos ensina a importante lição de que é sábio incumbir os jovens promissores e seguros com responsabilidades adequadas o mais cedo possível.

A instrução de Paulo

Paulo resumiu seu conselho a Timóteo com uma exortação dividida em quatro partes e fortaleceu-a com cinco "dizeres dignos de confiança". Para encorajar e fortalecer o jovem pastor em sua difícil tarefa em Éfeso — uma igreja que havia experimentado uma avalanche de talentos, para a qual

Timóteo sentia-se totalmente inadequado —, Paulo deu-lhe quatro exortações solenes, com as quais podemos aprender o que o apóstolo julgava ser essencialmente importante no trabalho pastoral.

1. *Guarda o depósito:* "Ó *Timóteo, guarda o depósito que te foi confiado,* tendo horror aos clamores vãos e profanos e às oposições da falsamente chamada ciência; a qual professando-a alguns, se desviaram da fé (1 Timóteo 6:20-21 ARC – ênfase adicionada). Moffatt traduz a primeira parte dessa passagem assim: "Mantenha a confiança na fé intacta". Isso é uma ilustração bancária, e a palavra que às vezes é traduzida por "depósito" tinha muito do mesmo significado atual — dinheiro confiado a um banco para custódia. É dever do banco devolvê-lo intacto. Dessa forma, Paulo estava dizendo a Timóteo: "Deus fez um depósito em seu banco espiritual; mantenha a guarda sobre ele".

Timóteo fora confiado com as verdades da salvação de Deus, e por isso teria que prestar contas de sua mordomia. Ele precisava usar seus dons espirituais da melhor forma possível para expandir o Reino. Ele havia sido escolhido para ser um arauto para espalhar a Palavra ao mundo. Paulo declarou de si mesmo: "…das quais [boas-obras] Deus me escolheu para ser pregador, apóstolo e mestre" (2 Timóteo 1:11). A pessoa que proclama a Palavra deve estar segura de guardar o depósito intacto. Não deve somente defender a fé contra os ataques de falsos mestres, mas também pregá-la positivamente com convicção.

Em nossa justificada reação a julgamentos sem amor na igreja, não devemos nos tornar tão tolerantes a ponto de falharmos em guardar o depósito. Mas precisamos lutar pela fé sem sermos contenciosos em espírito.

2. *Seja imparcial:* "Ordeno solenemente, na presença de Deus, de Cristo Jesus e dos anjos eleitos que você obedeça a estas instruções sem tomar partido nem demonstrar favoritismo" (1 Timóteo 5:21). Será que essa exortação resultou do medo de Paulo de que o jovem Timóteo pudesse ser facilmente influenciado por grupos que o pressionavam — uma situação que não é desconhecida no trabalho cristão em nossos dias?

Todos nós, às vezes, estamos sujeitos a considerações subjetivas, portanto precisamos da fortalecedora influência dessa importante exortação. No trabalho cristão, a imparcialidade absoluta, a honestidade irrepreensível e a integridade são essenciais. Nossas antipatias pessoais ou afinidades devem ser afastadas. As palavras *parcialmente* e *favoritismo* implicam preconceito — um prejulgamento do caso. Mesmo homens ímpios esperam justiça e imparcialidade. Mas certamente a igreja deve estabelecer o padrão, pois seu bem-estar depende de uma disciplina imparcial.

3. *Guarde os valores imaculados:* "Diante de Deus, que a todos dá vida, e de Cristo Jesus, que deu bom testemunho perante Pôncio Pilatos, encarrego-o de obedecer a esta ordem sem vacilar. Assim, ninguém poderá acusá-lo de coisa alguma, desde agora até a volta de nosso Senhor Jesus Cristo. Pois: No devido tempo ele será revelado do céu pelo bendito e único Deus todo-poderoso, o Rei dos reis e Senhor dos senhores" (1 Timóteo 6:13-15). A palavra

obedecer aqui significa "preservar, posicionar-se em alerta". Parecia que Paulo estava encorajando Timóteo a obedecer a missão que lhe fora confiada, os valores contidos na Palavra de Deus — imaculados e sem defeitos até a aparição de Cristo.

Um líder é o guardião dos valores da igreja, da missão, ou organização sobre a qual tem responsabilidade. Ele deve praticar, ensinar e cultivar esses princípios atentando para que sejam cuidadosamente observados por aqueles que estão sob seu cuidado.

4. *Mantenha seu senso de urgência:* "Eu lhe digo solenemente, na presença de Deus e de Cristo Jesus, que um dia julgará os vivos e os mortos quando vier para estabelecer seu reino: pregue a palavra. Esteja preparado, quer a ocasião seja favorável, quer não. Corrija, repreenda e encoraje com paciência e bom ensino" (2 Timóteo 4:1-2). Devemos lembrar que Paulo antecipava um fim próximo, e por isso frequentemente estava sob a influência do mundo vindouro. Sua exortação sobre o julgamento futuro deve ter parecido especialmente solene ao seu jovem companheiro.

"Pregue a palavra", Paulo insistiu. Anuncie-a, proclame-a em toda sua glória e inteireza. "Esteja preparado, quer a ocasião seja favorável, quer não", ou seja, procure todas as oportunidades. Nunca perca seu senso de urgência. Tome a iniciativa e siga adiante com zelo incansável. O velho guerreiro conquistara o direito de passar essas admoestações ao homem mais jovem, pois ele as havia demonstrado de maneira única como veterano espiritual maduro em sua própria vida e ministério.

Fiel é a palavra

Paulo escreveu suas cartas pastorais para encorajar e apoiar seus jovens companheiros. Ele relatou cinco "palavras de confiança" nessas cartas, cada qual tratando de aspectos importantes da vida e serviço cristão. Usando a fórmula "Esta é uma afirmação digna de confiança", ele atraía a atenção a mensagens que eram aparentemente comuns nas igrejas daqueles dias. Mas essas palavras têm relevância ainda hoje à Igreja.

1. *Salvação:* "Esta é uma afirmação digna de confiança, e todos devem aceitá-la: 'Cristo Jesus veio ao mundo para salvar os pecadores', e eu sou o pior de todos" (1 Timóteo 1:15). Essa sentença exemplifica o evangelho. É uma expressão surpreendente, mas simples que resistiu a ardentes desafios e provações. Originou-se em zombarias e perseguições obscuras, portanto, deveria gerar espontânea e entusiasmada aceitação.

Paulo usou as palavras *veio ao mundo* não apenas para expressar mudança de local, mas também para enfatizar mudança de estado e ambiente. Envolve o sacrifício supremo: *para salvar os pecadores.* Quanto mais Paulo se apossava da magnitude do sacrifício de Cristo e da graça de Deus, mais profunda era a sua percepção e consciência da própria indignidade — "eu sou o pior de todos".

2. *Liderança:* "Esta é uma afirmação digna de confiança: 'Se alguém deseja ser bispo, deseja uma tarefa honrosa'" (1 Timóteo 3:1). Outra versão bíblica coloca nas seguintes

palavras: "...se alguém quer muito ser bispo na Igreja, está desejando um trabalho excelente" (NTLH). Deve ser observado que a honra ou nobreza está na tarefa em si, não no prestígio que ela possa conferir.

Pode-se muito bem perguntar: essa palavra não estimularia uma ambição indigna e pecadora — "a última enfermidade de mentes nobres"? Não deveria a posição procurar o homem, em vez de o homem procurar a posição?

Sim e não! Hoje a posição de pastor ou outra liderança é prestigiada, mas, quando Paulo escreveu essas palavras, envolvia uma grande parcela de sacrifício e perigo e muito pouco prestígio. Assumir essa posição na Igreja era um convite à perseguição, ao sofrimento e até à morte — como ainda acontece em muitos locais. Com certeza isso preveniria o ingresso de muitos candidatos insinceros. Sob as circunstâncias daqueles dias, era necessário um forte incentivo para encorajar o tipo certo de pessoa a assumir posições e responsabilidades, e Paulo procurava dar esse incentivo.

3. *Santificação:* "Quando Deus, nosso Salvador, revelou sua bondade e seu amor, ele nos salvou não porque tivéssemos feito algo justo, mas por causa de sua misericórdia. Ele nos lavou para remover nossos pecados, nos fez nascer de novo e nos deu nova vida por meio do Espírito Santo. Generosamente, derramou o Espírito sobre nós por meio de Jesus Cristo, nosso Salvador. Por causa de sua graça, nos declarou justos e nos deu a esperança de que herdaremos a vida eterna. Essa é uma afirmação digna de confiança, e quero que você insista nesses ensinamentos, para que todos

os que creem em Deus se dediquem a fazer o bem. São ensinamentos bons e benéficos para todos" (Tito 3:4-8).

Quais coisas o jovem líder Tito deveria enfatizar? Primeiro, ele devia enfatizar a filantropia de Deus (3:4) — Sua bondade e amor infalível. Esse sentimento de beneficência se destaca aos que recebem dessa bondade em total contraste à desumanidade do homem no versículo 3, salientando o seu passado de trevas com a luz de sua experiência presente. Segundo, Tito devia enfatizar o poder regenerador e renovador do Espírito Santo (3:5). Terceiro, devia proclamar a graça de Cristo, que nos torna herdeiros com Ele (3:7). Como resultado dessa ação do Deus trino, temos a esperança da vida eterna. Quarto, Tito devia enfatizar que o Espírito Santo não é uma dádiva que nos é entregue com mão mesquinha, mas é derramado sobre nós "generosamente" (3:6). O jovem líder devia anunciar essas verdades com toda segurança e entusiasmo.

4. *Sofrimento:* "Esta é uma afirmação digna de confiança: 'Se morrermos com ele, também com ele viveremos. Se perseverarmos, com ele reinaremos. Se o negarmos, ele nos negará. Se formos infiéis, ele permanecerá fiel, pois não pode negar a si mesmo'" (2 Timóteo 2:11-13).

Esse era um dos hinos da Igreja Primitiva. Enfatiza o fato de a Igreja ser a herdeira da cruz de Cristo. Nos dias difíceis em que vivemos, quando a violência e a revolução parecem endêmicas, nossa mensagem deveria preparar as pessoas para as situações mais terríveis. Martinho Lutero escreveu: "Se formos colocados à morte por fidelidade a Cristo, também devemos viver com Ele em glória".

A fidelidade a Cristo será recompensada, e a infidelidade trará sua própria retribuição. Se escolhermos morrer para o conforto e vantagens terrenas por Sua causa, haverá compensações celestiais. Tertuliano afirmou que a pessoa que tem medo de sofrer não pode pertencer Àquele que sofreu imensamente. Deveríamos nos alegrar por haver algumas coisas que a onipotência não pode fazer — "pois não pode negar a si mesmo".

5. *Autodisciplina:* "Não perca tempo discutindo mitos profanos e crendices absurdas. Em vez disso, exercite-se na devoção. 'O exercício físico tem algum valor, mas exercitar-se na devoção é muito melhor, pois promete benefícios não apenas nesta vida, mas também na vida futura.' Essa é uma afirmação digna de confiança, e todos devem aceitá-la" (1 Timóteo 4:7-9). A imagem nesses versículos é a de um ginásio, onde os jovens atletas treinavam para as disputas. Paulo exorta Timóteo para não se confinar apenas à meditação piedosa, mas para exercitar-se vigorosamente em um viver piedoso. Essa passagem revela coragem e disciplina.

O atleta não poupa esforços nem autonegação para ganhar o prêmio; ele descarta tudo que impede o progresso. Assim deveria ser o cristão. Músculos morais e ligamentos espirituais resultam de consistentes e constantes exercícios na área do Espírito, e os bons resultados serão colhidos na eternidade.

Disciplina física e exercício são válidos, mas, quando comparados com disciplina espiritual, seus benefícios são limitados. Um resulta na beleza do físico, e o outro em vida eterna. Um refere-se a este tempo presente, o outro à eternidade. Entretanto, o treinamento físico não deve ser menosprezado, pois o corpo é o templo do Espírito Santo (1 Coríntios 3:16-17).

Use o dom

Na ordenação do jovem Timóteo, Paulo e o presbitério impuseram suas mãos sobre ele, e assim passaram o dom da graça do Espírito, o que o qualificava para ser um representante apostólico. Ciente da fraqueza de Timóteo, Paulo lhe deu uma dupla exortação: *"Não descuide do dom que recebeu* por meio de profecia quando os presbíteros impuseram as mãos sobre você" (1 Timóteo 4:14 – ênfase adicionada). Não descuide da responsabilidade sagrada! Foi um dom soberanamente concedido pelo Espírito — não uma ação exterior, mas uma graça interior. Aparentemente, o dom não produzia energia própria; poderia, potencialmente, esmorecer. "Não sofra por negligência", foi o conselho de Paulo.

"Por isso *quero lembrá-lo de avivar a chama do dom que Deus lhe deu* quando impus minhas mãos sobre você. Pois Deus não nos deu um Espírito que produz temor e covardia, mas sim que nos dá poder, amor e autocontrole" (2 Timóteo 1:6-7). Timóteo não pediu por um novo dom. "Reacenda aquele fogo interior" é a maneira que J. B. Philips interpretou. O fogo espiritual tinha enfraquecido.

Será que Paulo sentiu que o zelo de Timóteo havia diminuído? Uma chama não aumenta automaticamente; a tendência é diminuir. No caso de Timóteo, havia muita pressão para apagar a chama. "Mantenha o fogo alto" ou "reanime" o fogo se ele se apagar! Coloque mais combustível nas brasas enfraquecidas!

Paulo desafiava e estimulava Timóteo orientando sua atenção à natureza do dom divino — o *charisma* (dom) do versículo 6 anda junto com a *pneuma* (espírito) do versículo 7. Podemos muito bem nos perguntar: negligenciamos o dom? Será que a chama está queimando pouco em nossa vida? Precisamos reacendê-la?

14

Esforçando-se até a linha de chegada

*Lutei o bom combate,
terminei a corrida e permaneci fiel.*

—2 Timóteo 4:7

Apesar de todas as suas realizações e sucessos, Paulo não era autoconfiante. Ele não tinha dúvida quanto à sua própria salvação, mas tinha profunda consciência da possibilidade de ser desqualificado da corrida, não atingindo a linha de chegada. E, portanto, constantemente praticava a autodisciplina. "Disciplino meu corpo como um atleta, treinando-o para fazer o que deve, de modo que, depois de ter pregado a outros, eu mesmo não seja desqualificado" (1 Coríntios 9:27).

Esse apóstolo de Jesus Cristo conhecia o interior de uma prisão. Sua visita a Jerusalém (Atos 21:17), por volta de 58 d.C., resultou em reclusão de cinco anos — dolorosa e exaustiva para ele, mas muito frutífera à Igreja. O período de Paulo na prisão não foi tempo perdido e enriqueceu a Igreja e o mundo nos séculos seguintes.

A história do aprisionamento de Paulo revela como a maldade humana é controlada pela soberania divina. Os judeus queriam o prisioneiro transferido de Cesareia para Jerusalém. Se Festo tivesse consentido a exigência deles, o Novo Testamento talvez não tivesse Efésios, Filipenses, Colossenses e Filemom. Mas Deus estava no controle total.

A apelação de Paulo a César (Atos 25:11) levou-o a dois anos de aprisionamento em Roma, onde desfrutou de certa liberdade. É nesse período que foram escritos 1 e 2 Timóteo e Tito. O que parecia ser tragédia naquele momento, a longo prazo, provou ser triunfo. Quando João estava em um campo de concentração, escreveu o Apocalipse. Enquanto estava na prisão de Bedford, Inglaterra, Bunyan escreveu sua atemporal obra *O peregrino* (Publicações Pão Diário, 2020).

A maneira como Paulo transformou seus infortúnios em algo positivo deveria encorajar aqueles que são "prisioneiros", seja pela saúde debilitada ou outras provações. A história de Paulo deve nos animar e inspirar a sermos habilidosos em procurar maneiras de transformar as circunstâncias complicadas de nossa vida em algo proveitoso.

Agora Paulo está prestes a passar a tocha ao jovem Timóteo. O apóstolo assim escreveu: "Você, porém, deve manter a sobriedade em todas as situações. Não tenha medo de sofrer. Trabalhe para anunciar as boas-novas e realize todo o ministério que lhe foi confiado. Quanto a mim, minha vida já foi derramada como oferta para Deus. O tempo de minha morte se aproxima. Lutei o bom combate, terminei a corrida e permaneci fiel. Agora o prêmio me espera, a coroa de justiça que o Senhor, o justo Juiz, me dará no dia de sua volta. E o prêmio não será só para mim, mas para todos que, com grande expectativa, aguardam a sua vinda" (2 Timóteo 4:5-8).

Por estar encerrando seu ministério, o ancião espiritual encorajou o jovem Timóteo a cumprir seu próprio ministério custasse o que lhe custasse. A palavra grega para "partida" era frequentemente usada com o sentido de soltar o barco do ancoradouro. O velho homem estava deixando as margens terrenas, pronto para embarcar para as margens celestiais. Com certeza ele o fazia sentindo sua "missão cumprida". Que exemplo para Timóteo e para nós! A tocha está agora em nossas mãos.

Missão cumprida

A tradição afirma que, como resultado de sua petição a Nero, após dois julgamentos em 68 d.C., Paulo foi levado à morte.

Relata-se que o imperador foi fazer uma viagem enquanto Paulo estava em Roma. Mas, durante aquelas férias, uma de suas concubinas preferidas converteu-se ao Senhor por intermédio de Paulo. Quando Nero retornou a casa, ela havia partido, juntando-se a um grupo de cristãos.

Nero ficou tão enfurecido que descarregou sua vingança em Paulo. Levaram-no para a Via Ápia e o executaram.

Sim; pela vida, morte, pela tristeza e pela vitória,
Ele será suficiente para mim, pois a tudo satisfez:
Cristo é o fim, pois Cristo é o início,
Cristo, o início, pois o fim é Cristo.

—F. W. H. Myers